Joachim Kanngiesser

Die Abrechnung von ADV-Systemleistungen

Programm Angewandte Informatik

Herausgeber:

Paul Schmitz
Norbert Szyperski

Wulf Werum/Hans Windauer:
PEARL, Process and Experiment Automation
Realtime Language

Joachim Kanngiesser:
Die Abrechnung von ADV-Systemleistungen

Joachim Kanngiesser

Die Abrechnung von ADV-Systemleistungen

Vergleichende Analyse von Abrechnungsverfahren und Verrechnungsgrundsätzen

Friedr. Vieweg & Sohn   Braunschweig/Wiesbaden

Aus dem
Programm Angewandte Informatik

Beiheft zur Zeitschrift
Angewandte Informatik

CIP-Kurztitelaufnahme der Deutschen Bibliothek

Kanngiesser, Joachim:
Die Abrechnung von ADV-Systemleistungen: ver-
gleichende Analyse von Abrechnungsverfahren u.
Verrechnungsgrundsätzen/Joachim Kanngiesser. —
Braunschweig, Wiesbaden: Vieweg, 1980.
   (Programm Angewandte Informatik)
   ISBN 978-3-528-03580-8   ISBN 978-3-322-89710-7 (eBook)
   DOI 10.1007/978-3-322-89710-7

Verlagsredaktion: *Alfred Schubert*

1980

Umschlaggestaltung: Peter Mory, Wolfenbüttel

ISBN 978-3-528-03580-8

<u>Vorwort des Herausgebers</u>

Seit automatisierte Datenverarbeitungssysteme in der Praxis
eingesetzt werden, gibt es die Problematik der Abrechnung von
ADV-Systemleistungen. Die zunehmende Komplexität der Systeme
und die zunehmende Integration von Aufgaben sind der Grund da-
für, daß eine befriedigende Lösung dieses Problems in der
Praxis immer neue Schwierigkeiten bereitet. Dies hat zur Folge,
daß es bis heute praktisch keine allgemein anerkannten Abrechnungsverfahren gibt, die allen Anforderungen der Praxis gerecht
zu werden in der Lage sind. Die Konsequenz hieraus ist, daß
sehr viele Anwender ihr Abrechnungssystem selbst gestalten und
an die ständigen Systemanforderungen und Aufgabenprobleme anpassen.

In der vorliegenden Arbeit wird versucht, die verschiedenen
Abrechnungssituationen in der Praxis fundiert zu beschreiben
und eine betriebswirtschaftliche Begründung zu finden, warum
ausgewählte Typen von Rechenzentren bestimmte Verfahren und
Strategien zur Abrechnung anwenden. Das Buch soll also nicht
eine nach datenverarbeitungstechnischen Aspekten 'optimale'
Accounting-Routine entwickeln, sondern die grundlegenden Aspekte aufzeigen und auf diese Weise eine Hilfestellung für die
Entwicklung individueller Abrechnungssysteme geben.

Das Buch wendet sich an Führungskräfte in ADV-Fachabteilungen
und Rechenzentren der Wirtschaft, Wissenschaft und Verwaltung,
an Benutzer von Rechenzentren sowie an alle, die an einer in-
terdisziplinären Betrachtungsweise von Betriebswirtschaftslehre
und Informatik interessiert sind.

Köln, im Dezember 1979

                    Paul Schmitz   Norbert Szyperski

<u>Vorwort des Verfassers</u>

Das vorliegende Buch entstand auf der Grundlage meiner Diplom-
arbeit, die ich im September 1978 am Lehrstuhl für Informatik
an der Universität zu Köln angefertigt habe.
In diesem Zusammenhang möchte ich insbesondere Herrn Dipl-Phys.
G. Schwichtenberg nochmals für seine wertvolle Unterstützung
bei meiner Arbeit danken.

Mein Dank gilt aber auch Herrn Dipl.-Kfm. K. Höring, der mir die
Erstellung des Manuskriptes auf dem Textautomaten ermöglichte,
der den Mitarbeitern des Betriebswirtschaftlichen Instituts für
Organisation und Automation an der Universität zu Köln (BIFOA)
von der Firma CPT zur Verfügung gestellt worden ist.
Ferner danke ich auch Frl. U. Toschka, die mir bei den Schreib-
arbeiten geholfen hat.
Nicht zuletzt danke ich den Herausgebern für die Möglichkeit
einer Veröffentlichung in der Reihe der angewandten Informatik.

Köln, im November 1979

                    Dipl.-Kfm.   J. Kanngiesser

Inhaltsverzeichnis

1 <u>Einleitung</u>

Der fortschreitende Automatisierungsprozeß in Wirtschaft, Wissenschaft und Verwaltung hat in den letzten Jahren zu einer starken Ausweitung des Maschinenparks automatisierter Datenverarbeitungsanlagen (ADV-Anlagen) und damit auch zu einer ständigen Zunahme der Gesamtkosten der automatisierten Datenverarbeitung (ADV) geführt.

Die wachsenden Jahresumsatzzahlen von Rechenzentren (RZ), die ADV-Dienstleistungen verschiedener Art auf dem freien Markt anbieten (Service-RZ), dokumentieren die gesamtwirtschaftliche Bedeutung dieses Sektors. /70/

Das in allen Bereichen zunehmende Aufgabenvolumen wird in absehbarer Zeit zu einer weiteren Aufstockung der bereits installierten ADV-Anlagen führen.

Angesichts dieser Entwicklungstrends ist es noch mehr erforderlich als bisher, ein effizientes Instrumentarium zur Analyse, Erfassung, Kontrolle und Abrechnung des Leistungsverzehrs in RZ zu konzipieren. Das ist auch in der ADV-Praxis unlängst erkannt worden.[1]

In dieser Arbeit werden verschiedene Verfahren zur Abrechnung der durch ADV-Anlagen erbrachten Leistungen analysiert.[2]

Unter einem Abrechnungsverfahren (ARV) werden ganz allgemein alle Vorgehensweisen verstanden, wie die für bestimmte Aufgaben erbrachten Leistungen von (Teil-) Kapazitäten erfaßt und an die Auftraggeber (Benutzer) weiterbelastet werden.

Dabei werden ARV von RZ durch mehrere interne und umfeldabhängige Abrechnungsmerkmale in verschiedenster Weise beeinflußt. Zudem sollen ARV auch bestimmten Anforderungen der Anwender (RZ) und der Benutzer gerecht werden.

---

1) Zu diesem Themenkomplex haben in den letzten Jahren viele Anwendergespräche, Fachseminare u.ä. stattgefunfen wie z.B.:
   - Abrechnung von Rechenzentrums-Dienstleistungen (Erlangen-Nürnberg , 15.3.78)
   - Accounting und Controlling im Rechenzentrum, Fachseminar des Betriebswirtschaftlichen Instituts für Organisation und Automation an der Universität zu Köln (BIFOA), Köln, 16./17.11.78

2) Vgl. hierzu 2.3 Abrechnungsrelevanter Objektbereich

Die Benutzeranforderungen bzgl. der Abrechnung von ADV-Leistungen können auch als wesentliche Verrechnungsgrundsätze aufgefaßt
werden; diese stellen zugleich für den Verfasser die grundlegende Beurteilungsbasis bei der Beschreibung und der vergleichenden Analyse von ARV dar.

Den detaillierten Ausführungen hierzu wird zur Abgrenzung der
Thematik eine kurze, allgemeingültige Beschreibung von RZ (ohne
Berücksichtigung von Unternehmensstruktur u.ä.) vorangestellt.
Hieran schließt sich eine Auflistung von ebenfalls universell
beschreibbaren Abrechnungsmerkmalen, die durch die spezifischen
Eigenschaften von ADV-Anlagen begründet sind.

2 Abgrenzung der Thematik

2.1 Das Rechenzentrum

Das Rechenzentrum kann als Dienstleistungsbetrieb interpretiert werden, in dem auf einer - oder mehreren - ADV-Anlagen Aufgaben produktiv oder im Test abgewickelt werden, deren Ergebnisse ordnungsgemäß und termingerecht an die Auftraggeber (Benutzer) abzuliefern sind. /56/

Darüber hinaus kann ein RZ Beratungs- und Entwicklungskapazitäten für die Konzipierung und/oder Implementierung neuer Verfahren und Programme zur Verfügung stellen.

2.1.1 Aufgaben und Anforderungen

Unabhängig von der spezifischen Unternehmensstruktur eines RZ und losgelöst von seinen Anwendungsgebieten lassen sich allgemeine Aufgabenschwerpunkte herausschälen: /59/

(a) Produktive ADV-Aufgaben
   - Datenerfassung (und -konvertierung)
   - (eigentliche) Verarbeitung auf ADV-Anlage(n)
   - Datennachbereitung

(b) Administrative ADV-Aufgaben
   - Disposition von Produktions- und Testläufen
   - Bereitstellung von (leeren) Datenträgern, Formularen, Tabellier- und Plotterpapier
   - Magnetband- und Massenspeicherverwaltung
   - Pflege der Systemsoftware
   - Durchführen von Kontrollen
   - Erstellung von Statistiken u.a. Auswertungen für Steuerung und Kapazitätsplanung im RZ
   - Archivierung von Datenträgern
   - Versand der abgewickelten Aufgaben

(c) Benutzerorientierte ADV-Aufgaben
   - Benachrichtigung der Benutzer über das verfügbare Dienstleistungsangebot sowie aktuelle Kurzinformation über angeschlossene Benutzerstationen
   - Benachrichtigung der Benutzer über abgewickelte Aufgaben

- Herausgabe von Benutzeranweisungen (z.B. Handbuch)
- Beratung bei Programmerstellung und -test
- Aufbau und Unterhaltung einer Programmbibliothek für universelle Anwendungsprogramme der Benutzer
- Anbieten von Anschlüssen an zentrale ADV-Anlage(n) mit eigener Benutzerstation (TP-Anschluß)

Aus der obigen Definition ergeben sich bestimmte - ebenfalls allgemeingültige Anforderungen, die an ein RZ gestellt werden:

- anforderungsgerechte Produktionsabwicklung
- Termintreue
- Wirtschaftlichkeit[1]
- Sicherheit[1]
- Vertraulichkeit
- Überprüfbarkeit
- Flexibilität /121/

Da diese Anforderungen auch charakteristische Merkmale von Produktionsarbeiten sind, wird in der Literatur diskutiert, ob das RZ nicht als Produktionsbetrieb verstanden werden kann, das die Eigenschaften einer Serienproduktion aufweist, die verschiedenen Aufgaben aber in "Einzelfertigung" abarbeitet. /13 30 90/

Anhand der o.a. Grobklassifizierung von ADV-Aufgaben in RZ wird deutlich, daß RZ grundsätzlich sowohl als Dienstleistungs- als auch als Produktionsbetrieb angesehen werden können.
Tendenziell wird man das RZ eher als Dienstleistungsbetrieb (Produktionsbetrieb) einstufen, wenn der Anteil der benutzerorientierten (produktiven) Aufgaben stärker vertreten ist.
Der unterschiedlich hohe Anteil von produktiven, administrativen und/oder benutzerorientierten ADV-Aufgaben hat zudem auch einen Einfluß auf die Abrechnungssituation in RZ.

Weitere Beschreibungsmerkmale von RZ sind Organisation und Betrieb.

---

1) Wirtschaftlichkeit und Sicherheit stehen oft in einem konkurrierenden Verhältnis zueinander.

2.1.2 <u>Organisation und Betrieb</u>[1]

Das RZ und seine internen und externen Benutzer bilden zusammen ein organisatorisches System, das duch zahlreiche (kommunikative) Beziehungen gekennzeichnet ist.

Analog zu anderen Organisationseinheiten ist auch eine Differenzierung zwischen Aufbau- und Ablauforganisation möglich.

Die Aufbauorganisation spiegelt die hierarchische Einbindung aller Funktions- und Kompetenzbereiche in einem RZ wider; damit ist sie eine wesentliche Voraussetzung für einen geordneten und effizienten Produktionsablauf.

Die Ablauforganisation umfaßt die Gestaltung einer den Abläufen im RZ adäquaten Organisationsform. Bei der Strukturierung eines geeigneten ablauforganisatorischen Konzeptes müssen Integration und Koordination der einzelnen Funktionsbereiche sowie deren Leistungstiefe und -breite bestimmt werden. /121/

Hierunter fallen u.a.:

- Stellung des Aufgabenkomplexes Datenerfassung
- Leistungsumfang von Systemanalyse und -pflege
- Art der Aufgabenabwicklung auf der ADV-Anlage
  (mit vor- und nachbereitenden Aktivitäten)
- Steuerung einer optimalen Anlagenauslastung
- Planung von ADV-Kapazitäten

Bild 1 auf der folgenden Seite veranschaulicht eine mögliche Organisationsstruktur eines RZ sowie eine denkbare Einordnung der Funktionen Leistungserfassung und Kostenabrechnung. In welcher Weise die verschiedenen Aufgaben abgewickelt werden, ("Closed-shop-Betrieb" oder "Open-shop-Betrieb") hängt auch von dem Aufgabenprofil der Benutzer und dem Leistungsprofil der ADV-Anlage ab (z.B. Betriebsarten und Leistungsklasse).[2] /35/

---

1) In diesem Punkt stützt sich der Verfasser insbesondere auf die Veröffentlichung /35/, die hierzu z.T. sehr detaillierte Ausführungen machen.

2) Vgl. hierzu auch den Kriterienkatalog zur Klassifizierung von Typen von Rechenzentren auf S. 35ff.

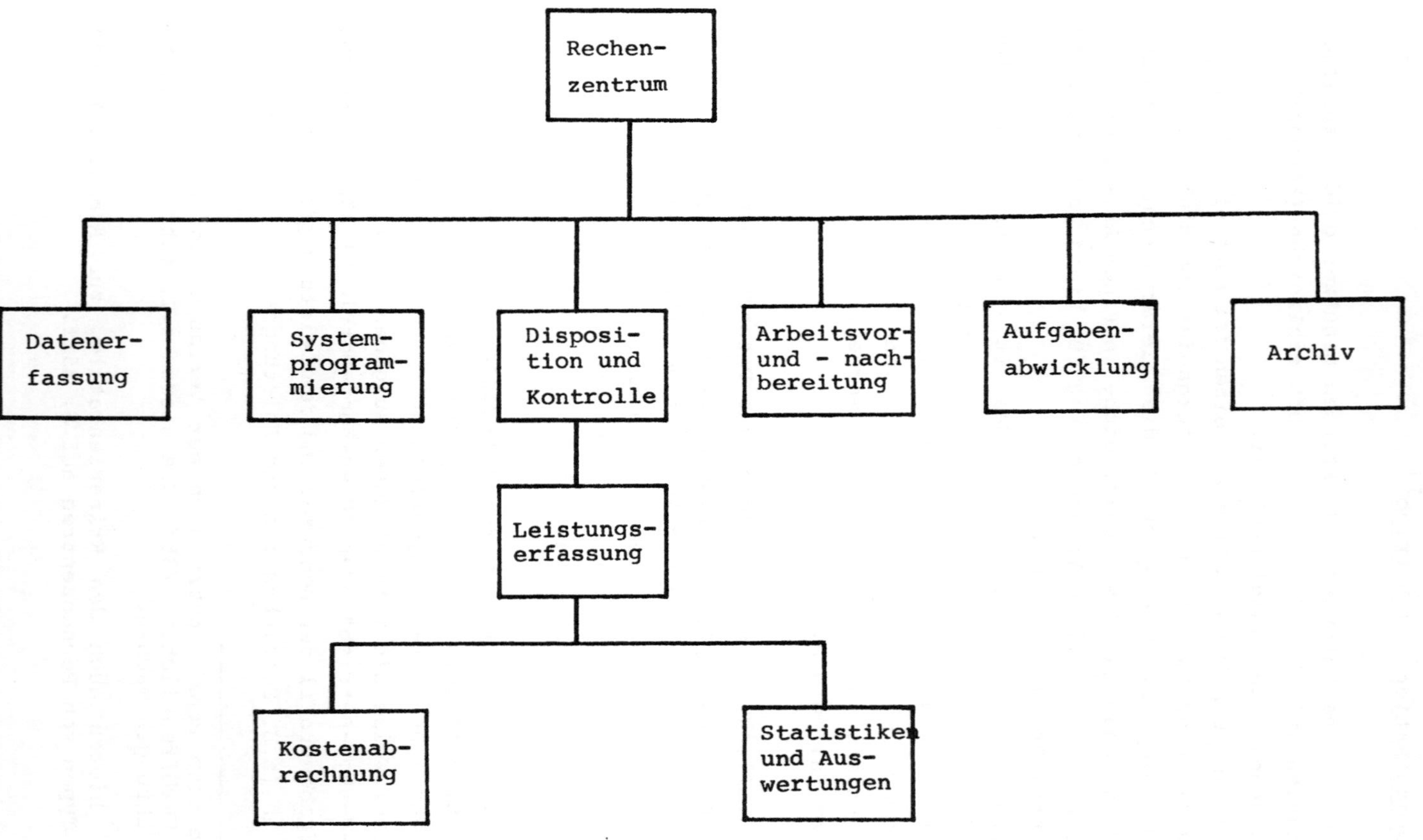

Bild 1 : Mögliche Organisationsstruktur von RZ mit Einordnung der Funktionen Kostenabrechnung und Leistungserfassung

Bestimmte Funktionsbereiche können bei einigen RZ von geringerer Bedeutung sein bzw. ganz fehlen; es können auch zusätzliche hinzukommen. Zudem ist entscheidend für die Organisationsstruktur, ob die verschiedenen Funktionen eigenständige Teilaufgaben eines RZ sind oder ob das RZ selbst Teilfunktion des Gesamtkomplexes eines Unternehmens ist.[1] /35/

In jedem Fall ist die ADV-Konfiguration so zu dimensionieren, daß ihr Leistungsprofil dem Anforderungsprofil der Benutzer weitgehend entspricht.
Für den Betrieb einer ADV-Anlage werden Mitarbeiter unterschiedlicher Qualifikation eingesetzt. Diese übernehmen aufgabenvorbereitende, (rechner-) ablaufsteuernde und aufgabennachbereitende Tätigkeiten und sind - unter Einhaltung gewisser Termin- und Kapazitätsrestriktionen - um eine wirtschaftliche und wirksame Aufgabenabwicklung auf der ADV-Anlage bemüht. /114/

2.2 Abrechnungsrelevanter Objektbereich

Grundsätzlich sind die Kosten für ADV-Dienstleistungen eine Funktion verschiedener Variablen wie bspw.:

- Aufwand für Programmierung, Systemanalyse und Beratung
  Verbrauch von Material und Energie
- Aufwand für Systempflege und -wartung
- Inanspruchnahme von Rechnerleistungen
- Nutzung hoher Ausführungsprioritäten (Online-Betrieb)

In den folgenden Ausführungen wird allerdings nur die Abrechnungssituation näher analysiert, die sich aus der unmittelbaren Programmabwicklung auf einer ADV-Anlage ergibt.
Demnach werden bei Darstellung und Beurteilung von ARV auch nur die durch den direkten Vollzug der Aufgabe auf der Anlage beanspruchten Leistungen berücksichtigt, wobei hier auch auf eine kostenmäßige Bewertung der vor- und nachbereitenden Tätigkeiten verzichtet wird. Das soll auch der Titel "Die Abrechnung von ADV-Systemleistungen" zum Ausdruck bringen.

---

1) Vgl. hierzu insbesondere 4.3 Typen von Rechenzentren

Eine derartige Einschränkung erscheint in zweifacher Hinsicht gerechtfertigt:

(1) Es ist weitgehend unproblematisch, die Leistungen von Programmierern und Systemspezialisten zu erfassen und abzurechen, da hier relativ objektive Berechnungsgrundlagen vorliegen (bspw. Anzahl der codierten Statements einer Programmiersprache oder Anzahl der aufgeschriebenen Arbeitsstunden). Das Problem liegt hier vielmehr bei den teilweise erheblichen Leistungsschwankungen für gleiche (Programmier-) Leistungen.

(2) Für die Leistungs- und Kostenabrechnung der Datenerfassung stehen inzwischen ebenfalls recht brauchbare Abrechnungssysteme zur Verfügung, die den Leistungsanteil verhältnismäßig gut ermitteln. /34 35/

Da zudem Entwicklungs- und Beratungskapazitäten auch außerhalb von RZ angeboten (z.B. Softwarehäuser) und genutzt werden und der Funktionskomplex Datenerfassung ebenfalls häufig ausgegliedert ist, erscheint diese Einschränkung der Analyse von Verfahren zur Abrechnung von ADV-Systemleistungen auch aus der ADV-Praxis gerechtfertigt.
An dieser Stelle soll aber die Problematik einer solchen Eingrenzung aufgezeigt werden: die Benutzer beanspruchen ADV-Systemleistungen, die in dieser Form nur deshalb angeboten werden können, weil die RZ z.T. umfangreiche Forschungs- und Entwicklungsaktivitäten durchführen (z.B. Konzipierung und Erstellung von Standard-Anwendungssoftware), die den Benutzern bei der Aufgabenabwicklung (Kosten-) Vorteile bringen.

Weitere Einzelfragen und Randprobleme einer Kostenzuordnung von Leistungen, die nicht bei der unmittelbaren Aufgabenabwicklung auf der ADV-Anlage erbracht werden, sollen nur kurz angeschnitten aber nicht weiter berücksichtigt werden.[1]

---

1) Vgl. hierzu die Zusammenstellung ausgewählter Fragen in Anlage 1 im Anhang.

Aus der obigen Abgrenzung des abrechnungsrelevanten Objektbereiches resultiert für die weiteren Ausführungen auch eine rein statische Betrachtungsweise. Modifikationen der ADV-Konfiguration (z.B. Ausbau der Peripherie, Implementierung eines Massenspeichers) verursachen (sprung-) fixe Kosten und führen damit auch zu abrechnungstechnischen Konsequenzen: das ARV muß selbst entsprechend modifiziert werden. /109/

Auch dieser Spezialfall wird nicht weiter berücksichtigt.

3 Allgemeine Abrechnungsmerkmale von Rechenzentren

Es gibt allgemeingültige Abrechnungsmerkmale, wie sie unabhängig von der konkreten Realisierungsform grundsätzlich in jedem RZ möglich sind.

3.1 Problemzusammenhang

Benutzer aus unterschiedlichen Anwendungsbereichen übergeben an das RZ Programme, die unter Einhaltung bestimmter Restriktionen anforderungsgerecht durchzuführen sind.
Entsprechend dem programmspezifischen Nutzungsprofil werden die einzelnen ADV-Komponenten einer Anlage in Anspruch genommen./97/
Die erbrachten Leistungen müssen erfaßt und bewertet werden.
Entstandene Kosten werden an die Benutzer weiterbelastet, indem für die Leistungen ein Preis verrechnet wird. Wodurch die Preisgestaltung i.e. beeinflußt werden kann, wird in den nächsten zwei Kapiteln aufgezeigt. Dabei dient die maschinelle Ausführung einer Arbeit als bewertbare Dienstleistungseinheit.
Bewertungsgrundlage ist das bzgl. Zeit-/Mengengerüst spezifische Anforderungsprofil der abzurechnenden Programme./38/

Orientiert sich ein ARV aber an dem programmspezifischen Nutzungsprofil - also an der durch die ADV-Anlage bzw. einzelnen Komponenten erbrachten Leistungen - müssen auch wesentliche anlagenbedingte Merkmale und Eigenschaften sowie die interdependenten Funktionszusammenhänge verschiedener ADV-Komponenten entsprechend berücksichtigt werden.

Bei den weiteren Betrachtungen in diesem Kapitel wird ein leistungsorientiertes ARV unterstellt: ansonsten könnten die anlagenspezifischen Merkmale unberücksichtigt bleiben.

Welche Leistungen i.e. erfaßt und abgerechnet werden, wird in Kapitel 5 ausführlich dargestellt.

3.2 Anlagenbedingte Abrechnungsmerkmale

Wichtige anlagenbedingte Abrechnungsmerkmale sind die ADV-Konfiguration, Betriebsarten, Datenfernverarbeitung und die Art der Programmabwicklung und Datenspeicherung.

3.2.1 Die ADV-Konfiguration

Bei der Konfigurationsbestimmung stehen Wirtschaftlichkeitsüberlegungen im Vordergrund: mit dem Leistungsprofil einer ADV-Konfiguration soll das Aufgabenprofil der Benutzer optimal bewältigt werden. Probleme ergeben sich hierbei sowohl bei der Prognose der zukünftigen Benutzeranforderungen als auch bei einer kontinuierlichen und harmonischen Abstimmung der ADV-Aufgaben mit den vorhandenen ADV-Kapazitäten.
Da sich die Wirtschaftlichkeit einer ADV-Konfiguration indirekt auch in den an die Benutzer verrechneten Preisen widerspiegelt, sollen einige Bestimmungsgrößen für eine ökonomische Arbeitsweise vorgestellt werden.

(1) Leistungsvermögen und Komplexität

Mit zunehmendem Leistungsvermögen von ADV-Anlagen steigen deren Kosten - unter der Voraussetzung totaler Kapazitätsauslastung - nur unterproportional an (Gesetz der Kostendegression von Grosche, vgl./74/).
Den Verlauf der Kostengerade in Relation zu der Proportionalitätsgeraden veranschaulicht Bild 2 auf der folgenden Seite.

Demzufolge können in RZ mit unterschiedlich leistungsstarken Anlagen auch verschiedene Kosten für die Abwicklung ein- und desselben Programms entstehen (anlagenabhängige Kosten).
Da die Benutzer i.a. keinen Einfluß auf die Wahl der kostengünstigeren Alternative haben - ansonsten entsteht eine Kostenschere, die für das RZ ein Indikator einer ineffizienten Arbeitsweise ist - und die teilweise erheblichen Kostendifferenzen ihnen nicht zugemutet werden können, sind entsprechende Maßnahmen zur Ausschaltung dieser Einflußgröße erforderlich. /24/

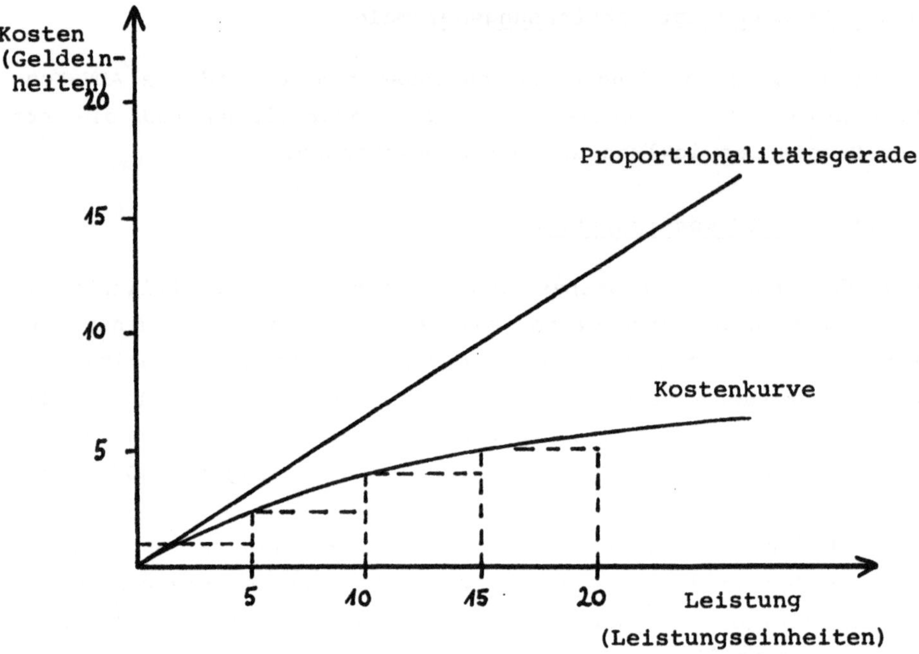

Bild 2: Verlauf der Kostenkurve und Proportionalitätsgeraden
(Gesetz der Kostendegression von Grosche)

Auch durch den Einsatz neuer Techniken (z.B. virtuelle Speichertechnik) kann die Leistungsfähigkeit von ADV-Anlagen erhöht
werden. Durch die systemtechnischen Implementierungsspezifika-
tionen (bspw. Ein- und Auslagern der Speicherseiten, anlagen-
bzw. herstellerabhängige Seitengröße) entstehen dann aber bei
der Kostenabrechnung zusätzliche Schwierigkeiten.

Probleme können auch mit bestimmten Rechnerstrukturen - bspw.
Mehrprozessorsystemen - verbunden sein: als Folge der Aufteilung des Zentralspeichers in einzelne Speichermoduln und Implementierung eines zusätzlichen Zwischenspeichers ist eine
eindeutige Leistungserfassung nicht immer möglich.
Außerdem ist für jeden Prozessor eine getrennte Leistungserfassung notwendig. /35/

Konfigurationsformen wie Mehrrechnersysteme bzw. Rechnerverbundsysteme sind abrechnungstechnisch besonders problematisch, da
hier die anlagenspezifischen Abrechnungsprobleme aufgrund der
Vielfalt der einbezogenen ADV-Anlagen potenziert werden. Die
weiteren Ausführungen beziehen sich nur auf Abrechnungsmerkmale
von RZ, die nicht im Verbund arbeiten.

(2) Ausgewogenheit und Kompatibilität

Mit einer ausgewogenen Konfiguration soll erreicht werden, daß
alle Betriebsmittel in einem solchen Maße ausgelastet sind, daß
keine Engpässe entstehen.
Eine falsche Dimensionierung von ADV-Komponenten (z.B. mangelnde Effizienz zwischen Zentralspeicher und externen Speichermedien) reduziert die Durchsatzrate einer Anlage und wirkt sich
bei der Abrechnung kostensteigernd aus. Indikatoren für die
Ausgewogenheit einer ADV-Konfiguration sind bspw. Effizienzra-
ten. /63/
In vielen RZ ist - insbesondere aus Wirtschaftlichkeitsgründen -
"mixed hardware" installiert. Auf diese Weise sind oft Einspa-
rungen in Höhe von 20-30% möglich. Wegen der weitgehend nicht
identischen technischen Eigenschaften und Leistungen der verschiedenen Betriebsmittel entstehen allerdings auch hier entsprechende Probleme: da die durch einzelne ADV-Komponenten erbrachten Leistungen nicht in denselben physikalischen Größen
angegeben werden, ist eine herstellerneutrale Leistungsmessung
und -erfassung aufgrund mangelnder Kompatibilität häufig nicht
möglich.
Bei der Abrechnung von ADV-Systemleistungen kann sich das in
einer unzureichenden Datenbasis äußern. /77/

(3) Universalität und Anwendungsbezug

RZ sollten einerseits den Benutzern eine breitgestreute Dienstleistungspalette anbieten und andererseits Programme mit speziellen Anforderungen an die Betriebsmittel (kostengünstig) abwickeln können. /11/
Ein heterogenes Aufgabenspektrum (z.B. Kombination von kommerziellen, mathematisch-technischen und wissenschaftlichen Anwen-

dungsprogrammen) ist bei einem Universalrechner aufgrund des
relativ ausgewogenen Bedarfs an Zentraleinheit und Peripherie
eine gute Grundlage für die Erstellung eines optimalen "Jobmix"
und damit auch für eine wirtschaftliche Arbeitsweise einer Anlage: alle ADV-Komponenten können gleichmäßig ausgelastet und
somit auch die Kosten für die Benutzer optimiert werden. /33/

Dagegen ist bei einer Spezialisierung das Leistungsprofil der
ADV-Konfiguration auf das für bestimmte Benutzer (-gruppen)
spezifische Anforderungsprofil zugeschnitten. /105/
Durch derartige Spezialisierungen können die Programme auf der
(zentralen) ADV-Anlage selbst kostengünstiger abgewickelt werden.
Oft finden sich aber in unmittelbarer Nähe des RZ nicht genügend Teilnehmer, so daß die ursprünglichen Kostenvorteile der
Spezialisierung durch zusätzliche Kosten (z.B. für Einrichtungen der Datenfernverarbeitung) mehr oder weniger kompensiert
werden.[1] /70/

3.2.2 <u>(Elementare) Betriebsarten von ADV-Anlagen</u>

Da die Anwendungsprogramme der Benutzer die Bewertungsgrundlage
einer Abrechnung von ADV-Systemleistungen darstellen, kommt
auch der Art des rechnerinternen Programmablaufs eine zentrale
Bedeutung zu. /4/
Damit sind die Betriebsarten von ADV-Anlagen angesprochen.
Die Vielfalt möglicher Betriebsarten und die in der ADV-Praxis
vielfach inpräzise Verwendung des Begriffes "Betriebsart" hat
einige Autoren dazu veranlaßt, die verschiedenen Betriebsarten
anhand mehrerer Kriterien zu klassifizieren. Eine eindeutige,
eindimensionale Klassifizierung ist aber aufgrund der Vielfalt
der Betriebsarten nicht möglich. /17/

Im folgenden soll aber nur der Einfluß der "elementaren" Betriebsarten Ein- und Mehrprogrammbetrieb auf die Zeitkomponente
der Programmabwicklung analysiert werden, da hier wesentliche

---

1) Vgl. hierzu auch 3.2.3 Datenfernverarbeitung

Unterschiede bestehen.

(1) <u>Einprogrammbetrieb</u>

Der Einprogrammbetrieb ist durch eine streng sequentielle Abarbeitungsfolge einer Aufgabe auf der ADV-Anlage gekennzeichnet. Alle Teilkapazitäten stehen während der Laufzeit eines Programmes diesem uneingeschränkt zur Verfügung; zwar werden nicht alle Ressourcen tatsächlich belegt aber doch kapazitativ an das jeweils ablaufende Programm gebunden.
"The potential is totally locked locked up during the whole duration of processing..."[1]

Hier sind die Interdependenzen zwischen Hardware, Betriebssystem und den abzurechnenden Anwendungsprogrammen verhältnismäßig gut überschaubar. Daher kann auch die Programmverweilzeit relativ einfach und präzise ermittelt werden. /4/
Die Programmverweilzeit - auch Ausführungszeit oder "elapsed time" genannt - stellt hier eine weitgehend unbeeinflußte Abrechnungsbasis dar. Ausgenommen sind nicht programmbedingte Wartezustände durch externe Störeinflüsse, die aber auch nicht abrechenbar sind, da nur die produktiven Zeiten der ADV-Anlage abrechnungsfähig sind.[2]

Bei der Abrechnung können jedem Programmlauf - ohne Berücksichtigung des spezifischen Nutzungsprofils - alle im Zeitablauf der Abwicklung anfallenden Kosten (z.B. in Form von Stundensätzen für die ADV-Anlage) angelastet werden.
"...the user will hence be charged for all the resources during the time of operation".[1]

Allerdings sind in RZ nur noch sehr vereinzelt ADV-Anlagen im Einsatz, deren Betriebssysteme keinen Mehrprogrammbetrieb unterstützen.

---

1) Durand, R.: Cost Analysis of Data Processing Centres. In: Economics of Informatics, hrsg. von A. B. Frielink. North Holland 1975, S. 24.

2) Vgl. hierzu auch 6.2.2 Abrechnungsfähige Zeit

(2) <u>Mehrprogrammbetrieb</u>[1]

Im Mehrprogrammbetrieb konkurrieren alle zu einem Zeitpunkt ineinander verzahnt ablaufenden Programme um die Teilkapazitäten der Anlage (bspw. Zentralspeicher, Kanäle, periphere Einheiten). /73/
Demnach ist es möglich, daß bestimmte ADV-Komponenten für die Abarbeitung eines Programmes zeitweise nicht verfügbar sind: sie sind zum gleichen Zeitpunkt einem anderen Programm zugeordnet bzw. werden von dem in einem solch hohen Maße beansprucht, daß die Restkapazität für andere Aufgaben nicht mehr produktiv eingesetzt werden kann.
So können rechenintensive Programme mit einem hohen Bedarf an CPU-Zeit oder Programme mit exzessiver Zentralspeicherbelegung die freie Disposition bei der Zusammenstellung eines optimalen "Jobmix" einengen bzw. in der Ablaufphase den Mehrprogrammbetrieb stark behindern. Dabei können sich die "gleichzeitig" ablaufenden Programme zeitweise sogar blockieren.[2] /46/

Für die Kostenabrechnung stellt sich die Frage, inwieweit einem Programm auch die Kosten für die anderweitig nicht mehr verwendbaren Restkapazitäten angelastet werden können.
Außerdem muß berücksichtigt werden, daß einzelne ADV-Komponenten der Anlage während der gesamten Laufzeit eines Programms (z.B. Bandeinheiten), andere dagegen nur in einzelnen Zeitabschnitten belegt werden. "Further, a single user need not utilize all the resources of the system at any one time, and it is possible that other users may be able to utilize some of the remaining resources".[3]

---

1) Analog den unterschiedlichen systemtechnischen Eigenschaften verschiedener Formen des Mehrprogrammbetriebs (z.B. Mehrprogrammbetrieb mit Zeitscheibenverfahren oder mit Prioritätensteuerung) wäre für Abrechnungszwecke auch eine weitere Differenzierung denkbar.

2) Vgl. hierzu 3.2.4 (3) Zugriff und Blockierung

3) Nielson, Norman R.: Flexible pricing: An approach to the allocation of computer resources. In: FJCC 1968, AFIPS, Part I, S. 522.

Die Programmverweilzeit ist hier kein geeignetes Maß für die Beanspruchung einer ADV-Anlage und damit auch keine brauchbare Zeitbasis für ein ARV: da ein Programm im Zeitablauf immer mit unterschiedlichen Programmbündeln abläuft und damit bei der Abarbeitung von den Eigenschaften und der Struktur "simultan" ablaufender Programme abhängt, unterliegt auch die Programmverweilzeit - trotz konstanten Datenvolumens und gleicher Datenart - der Beeinflussung durch die anderen Programme.
" In a multiprogramming environment, however, elapsed time for any given job is affected by the interference of other jobs beeing processed concurrently".[1]

Zudem bliebe bei einer ausschließlich verweilzeitorientierten Kostenabrechnung die unterschiedliche Nutzungsintensität von ADV-Komponenten durch die einzelnen Programme völlig unberücksichtigt. /8/
Kreitzberg und Webb haben bei einem Testfall mit fünf verschiedenen Läufen ein- und desselben Programms eine Variationsbreite der Programmverweilzeit zwischen 288 und 1022 Sekunden ermittelt. /67/.
Den Einfluß von Ein- und Mehrprogrammbetrieb auf die Programmverweilzeit veranschaulicht Bild 3 auf der folgenden Seite.

Besondere Bedeutung kommt in diesem Zusammenhang auch der Zuweisung von Prioritäten zu: da sich der Zentralprozessor bei Mehrprogrammbetrieb jeweils dem Programm mit der höchsten Ausführungspriorität zuwendet, werden die Laufzeiten aller Programme mit niedriger Priorität verlängert.
Dabei hängt der Verlängerungsfaktor u.a. von der Struktur des Programmes ab, dem die höchste Priorität zugeteilt wurde. /56/

Dagegen werden Programme, deren Dringlichkeit eine bestimmte (systemimmanente) Prioritätsstufe übersteigt, für die bevorzugte Abwicklung (Vorrücken in der Warteschlange) mit einem Zuschlag auf die gesamten (Job-) Kosten belastet.

---

1) Rettus, R.C.; Smith, R.A.: Accounting control of data processing. In: IBM Systems Journal, Vol. 11, No.1 1972, S. 74.

Gegeben: 2 Programme mit unterschiedlichem Anforderungsprofil
(1) ein-/ausgabeintensives Programm
(2) rechenintensives Programm

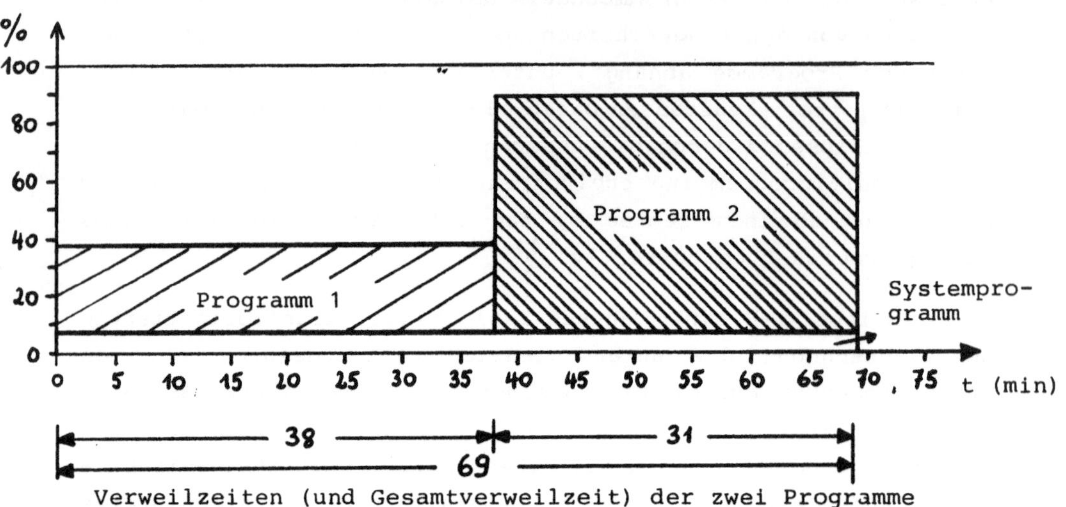

Verweilzeiten (und Gesamtverweilzeit) der zwei Programme

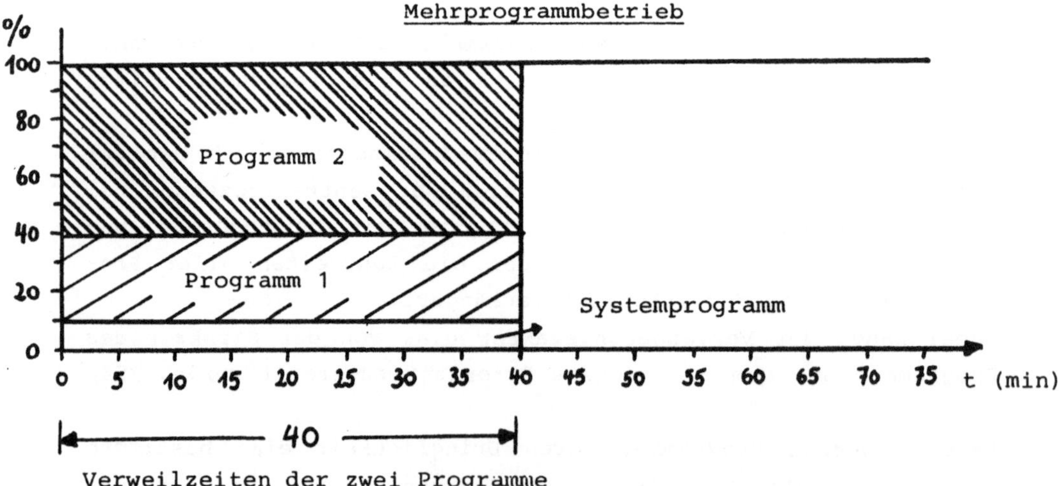

Verweilzeiten der zwei Programme

Bild 3 : Einfluß von Ein- und Mehrprogrammbetrieb auf die Programm-
verweilzeit(en) [1]

---

1) Lösch, G.: Wege zu einer höheren Wirtschaftlichkeit des EDV-Einsatzes. Broschüre zum Seminar "Entwicklungstendenzen in der EDV",
Tübingen 1973, S. 9.

Die Höhe des Zuschlags ist abhängig von der gewünschten Prioritätsstufe. Bei höchster Priorität kann der Preis um 100% über dem bei "normaler" Priorität liegen. /59/
Derartige prioritätsbedingte Zu- bzw. Abschlagssätze sind bei einem leistungsorientierten ARV notwendig, da es nicht der Philosophie eines solchen Verfahrens entsprechen kann, die Kostenabrechnung auf eine Grundlage von Ausgangswerten zu stellen, die durch die gegenseitige Beeinflussung gleichzeitig im Rechner verweilender Programme gekennzeichnet ist, d.h. also von externen Einflußgrößen abhängig und nicht aus der Struktur des abzurechnenden Programmes selbst ableitbar ist. /35/
Dies kann auch den kostentragenden Benutzern nicht zugemutet werden.[1] Daher ist die "Multiprogramming-Degradation" - aufgrund unterschiedlicher Programmbündel und/oder verschiedener Prioritäten - bei der Abrechnung von ADV-Systemleistungen zu eliminieren: die Benutzer sind maximal mit den Kosten zu belasten, die sie auf einer ADV-Anlage ohne Mehrprogrammbetrieb auch zahlen müßten. /63 69/

Einen anderen Lösungsvorschlag macht Symons, der die Kosten eines Programms bei Mehrprogrammbetrieb in Relation zu der Dringlichkeit und den Anforderungen der Programme definiert. /112/

Einige Maßnahmen zum Ausgleich der Beeinflussung des Mehrprogrammbetriebs werden an anderer Stelle vorgestellt.[2]
Detailliertere Lösungsansätze und -methoden können der Literatur entnommen werden. /10 35 67/

Sobald eine ADV-Anlage im Mehrprogrammbetrieb mit mehreren Prozessoren arbeitet und/oder die virtuelle Speichertechnik angewendet wird, entstehen zusätzliche Abrechnungsprobleme.
Abrechnungstechnische Schwierigkeiten bereiten auch alle Ausprägungen der Datenfernverarbeitung.

---

1) Vgl. hierzu auch 4.5.4 Reproduzierbarkeit

2) Vgl. 6.3.1 Maßnahmen zum Ausgleich der Beeinflussung des Mehrprogrammbetriebs

3.2.3 Datenfernverarbeitung

Zur Aufgabenabwicklung mittels Datenfernverarbeitung sind zusätzliche hard- und softwaremäßige Einrichtungen und Funktionen (z.B. Datenübertragungsleitungen, Konzentratoren, Modems, spezifische Systemsoftware) notwendig.
Demzufolge fallen neben dem Kostenblock für die Abarbeitung des Programms auf der zentralen ADV-Anlage weitere Kosten an: hierunter fallen auch die durch dieses Verfahren permanent belegten Zentralspeicherbereiche, deren Kostenanteil den jeweiligen Anwendungsprogrammen direkt zugerechnet werden. /35/

Ferner ist bei der Abrechnung zu berücksichtigen, ob die Aufgaben im Stapel- oder im Dialogbetrieb an das RZ herangetragen werden und welche Anwendungsformen (z.B. Teilnehmer- und Teilhaberbetrieb) vorliegen.
Teilnehmerbetrieb ist die Anwendungsform einer ADV-Anlage mit mehreren bedienerorientierten Benutzerstationen, von denen aus unabhängig voneinander und gleichzeitig Aufgaben abgewickelt werden können.[1]
Bei Teilnehmerbetrieb können die Benutzer zu nicht vorhersehbaren Zeiten Programme bzw. Aktionen mit sehr heterogenen Anforderungen (bspw. Misch- und Sortierprogramme, Datei- und Statusabfragen) durchführen. Die ADV-Anlage ist somit einer ständig wechselnden Belastung ausgesetzt. /28/
Im Gegensatz zu der Aufgabenabwicklung "vor Ort" (im RZ) haben die Operateure hier keinen Einfluß auf die Zusammenstellung des "Jobmix"; das kann zu einer weniger effizienten Arbeitsweise führen. Zudem wird "Online-Aufgaben" oft die höchste Priorität zugewiesen, was bei der Kostenabrechnung entsprechend berücksichtigt werden muß (vgl. S. 98).

Für die Leistungserfassung im Teilnehmerbetrieb müssen vielfach zusätzliche Abrechnungsprogramme implementiert werden, da nicht für alle Aktionen brauchbare Abrechnungsdaten bereitgestellt werden können.

---

1) Vgl. hierzu die Definition von Teilnehmerrechensystemen des Deutschen Normenausschusses (DNA)

Hier gibt es auch noch keine einheitlichen Abrechnungsmethoden.
Die Abrechnung erfolgt bspw. leitungsbezogen (als Leistungsmaß-
stab dient die Übertragungsrate) oder orientiert sich an der
Sitzungsdauer (bei Dialogbetrieb werden die Einschaltzeiten der
Datenstationen herangezogen). /50 106/

Unter Teilhaberbetrieb ist dagegen die Anwendungsform einer ADV-
Anlage zu verstehen, bei der von einer oder mehreren angeschlos-
senen bedienerorientierten Datenstationen ein fest umrissener
Aufgabenkomplex abgewickelt werden kann, wobei der Lösungsweg
vorgeschrieben ist. /81/
Demnach läuft im Teilhaberbetrieb eine eng begrenzte, i.a. im
voraus disponierbare Anzahl von Verarbeitungsprogrammen ab. Die
Benutzer sind voneinander abhängig, bearbeiten dasselbe Problem
und greifen auf eine zentrale Datenbasis (z.B. Datenbank) zu. /28/
Typische Anwendungsbeispiele sind Platzbuchungs- und sonstige
Auskunftssysteme. Aufgrund des zeitlich konstanten und homoge-
nen Anforderungsprofils ist eine Kostenabrechnung weitgehend
unproblematisch: der Umfang der zukünftigen Transaktionen ist
(relativ) gut abzuschätzen. /61/
Dadurch kann eine gleichmäßige Anlagenauslastung erzielt werden,
was sich kostengünstig auswirkt.
Bei Teilhaberbetrieb bietet sich ein transaktionsorientierter
Abrechnungsmodus an (z.B. Kosten für einen Buchungsvorgang).
Eine differenziertere Leistungserfassung, die etwa für jeden
Systembefehl entsprechende Daten (z.B. Identität des Benutzers
und Anzahl der durch die Ausführung eines Befehls benutzten Re-
sourcen) bereitstellt, ist wesentlich aufwendiger. /106/

Grundsätzlich ist für ADV-Anlagen, die verschiedene Nutzungs-
und Anwendungsformen der Aufgabenabwicklung bei Datenfernverarbeitung unterstützen, zusätzliche Speicherkapazität (z.B. für
die Auslagerung momentan nicht benutzter Daten und Programme
bei Aufgaben mit "time-sharing-Betriebssystemen") und ein sehr
leistungsfähiger Zentralprozessor notwendig. /87/

Da hier leistungsstarke ADV-Anlagen eingesetzt werden (müssen),
entstehen für die Benutzer aber keine Kostennachteile: das RZ

kann die Vorteile der Kostendegression an seine Benutzer weiter-
geben.[1]

Weitere abrechnungsrelevante Einzelheiten, die bspw. aufgrund
der spezifischen systemtechnischen Vorrichtungen und Betriebsarten (Zeitabschnittsbetrieb[2]) entstehen können, sollen an dieser Stelle nur skizziert werden: während der Zeitscheiben, die
einem Benutzer nicht zur Verfügung stehen, wird seine Arbeit
auf einen schnellen externen Speicher ausgelagert. Im Gegensatz
zu den programmbedingten Unterbrechungen bei Mehrprogrammbetrieb wird die Zuordnung des Zentralprozessors bei Zeitabschnittsbetrieb durch einen Algorithmus in festen Zeitintervallen her-
beigeführt. Demnach ist auch die Programmverweilzeit als Abrechnungsbasis hier nicht mehr so stark von dem "gleichzeitig" ablaufenden Programmbündel abhängig. /4/

3.2.4 Programmabwicklung und Datenspeicherung

Aus der Abarbeitung von Programmen, den hierfür erforderlichen
Datenbeständen und den zahlreichen Interdependenzen zwischen
ADV-Komponenten resultieren weitere Beziehungszusammenhänge, die
auch abrechnungstechnische Konsequenzen beinhalten.

(1) Abrufbarkeit von Daten[3]

Bei der Kostenabrechnung für Datenbestände, auf die während der
Programmabwicklung in einer Anlage mit geringen Zeitanforderungen jederzeit zugegriffen werden kann, ist grundsätzlich zwischen Sequenz- (z.B. Magnetband) und Direktzugriffsspeichern
(z.B. Magnetplatte) zu unterscheiden.
Da Magnetplattenspeicher permanent eingeschaltet sein müssen
- auch wenn keine Datenzugriffe erfolgen - ist dies durch einen
adäquaten Abrechnungsmodus entsprechend zu berücksichtigen: für
ständig verfügbare Datenbestände können den Benutzern etwa pau-

---

1) Vgl. hierzu 3.2.1 (1) Leistungsvermögen und Komplexität

2) Zeitabschnittsbetrieb ("time slicing mode") ist ein Multiplex-
   betrieb mit konstanten Zeitabschnitten. /97/

3) Analog den Einschränkungen in 2.3 Abrechnungsrelevanter Objektbereich bleiben die Kostenanteile für Datenlagerung und
   -archivierung auch hier unberücksichtigt.

schale Grundgebühren angerechnet werden, die bei praktischer
Nutzung mit einem bestimmten Kostensatz (bei Dialogbetrieb mit
dem für die registrierte Anschaltzeit) verrechnet werden. /34 105/
Die Abrechnung der kurzfristigen Belegungen ("Scratch files")
"erfolgt über das allgemeine Abrechnungsprogramm".[1]
Auch die unterschiedliche Zugriffsintensität von Programmen sollte entsprechend berücksichtigt werden. /3/
Zusätzliche Probleme können dann auftreten, wenn die Platten
noch so behandelt werden, "als seien sie für den Processing-
Zeitraum exklusiv belegt"[2]. Die Auslastung der Platten bei Mehrprogrammbetrieb liegt über 100% und erschwert somit eine präzise Kostenzurechnung.

Datenbanksysteme erzeugen häufig keine abrechnungsfähigen Leistungsdaten: zu diesem Zweck muß zusätzliche Software ("Bridge-
Programme") implementiert werden. Der Aufwand zur nachträglichen
Erzeugung abrechnungsfähiger Daten für Datenbanksysteme ist allerdings relativ groß. /101/

(2) Datensicherheit

Die mit der Einführung des Bundesdatenschutzgesetzes zusätzlich
notwendigen Maßnahmen der Datensicherung stellen einen weiteren
Abrechnungsaspekt dar: es müssen entsprechende Datensicherungs-
verfahren und -systeme konzipiert und implementiert werden, um
sicherzustellen, daß Programme und Daten den Benutzern jeweils
nur in dem Umfang zur Verfügung gestellt werden, wie es für deren Aufgabenerfüllung erforderlich ist. /49/
Kritische Daten sind gegen unberechtigtes Lesen zu sichern, ein
Verändern und/oder Löschen von Daten und Programmen durch unau-
torisierte Benutzer ist zu verhindern.

---

1) Graef, Martin: Abrechnung der Dienstleistungen eines Rechenzentrums. In: Betriebswirtschaftsmagazin, Nr. 9 1972, S. 448.

2) Haberkamm, Gerd: Die Kostenrechnung der DV unter Berüchsich-
   tigung des JOB-ACCOUNTING. In: Betrieb von Rechenzentren,
   hrsg. von Schreiner, A.. Berlin-Heidelberg-New York 1976,
   S. 184.

Die durch Maßnahmen der Datensicherung zusätzlich anfallende Kostenkomponente resultiert aus dem allgemein höheren Bedarf an Laufzeit und Speicherkapazität der Anlage. /83/
Das Kopieren von Programmen in regelmäßigen Zeitabständen (Speicherauszug) und die Erstellung von Duplikaten während des Programmlaufs verursachen zusätzliche Kosten: wird bspw. von einer auf Magnetband gespeicherten Datei ein Duplikat angefertigt, ist eine zweite Magnetbandeinheit notwendig. Die sich hieraus ergebenden längeren Belegungszeiten für die beanspruchten Magnetbandeinheiten führen zu entsprechend höheren Kosten bei der Abrechnung von ADV-Systemleistungen. /35/
Zudem werden im Rahmen von Maßnahmen zur Datensicherung vielfach Restart/Recovery-Prozeduren in Anspruch genommen, die eine ADV-Anlage zusätzlich belasten.

Inwieweit überhaupt die Kosten der Datensicherung den Benutzern angelastet werden können, ist insbesondere aufgrund der völlig unterschiedlichen Anforderungen der einzelnen Programme bzgl. Datensicherheit noch nicht endgültig geklärt. Schließlich muß hierbei auch berücksichtigt werden, daß diese Kostenkomponente maßgeblich von Größe und Leistungsumfang der einzelnen RZ abhängig ist und damit die Abrechnungssituation in RZ unternehmensindividuell beeinflußt.

(3) Zugriff und Blockierung

Blockierungen, die durch eine simultane Zuteilung verschiedener Funktionseinheiten einer ADV-Anlage entstehen, sind bei allen Formen einer gleichzeitigen und/oder parallelen Arbeitsweise einzelner ADV-Komponenten möglich. /4/

Bei Mehrprogrammbetrieb werden durch die Zuweisung des Zentralprozessors an das Programm mit der höchsten Priorität alle anderen Programme zeitweise an ihrer Verarbeitung gehindert.
Auch durch einen anderweitig zugeordneten Ein- und Ausgabeprozessor können Programme blockiert werden.[1] /34/

---

1) Vgl. hierzu die Problematik von sog. "Deadlock-Situationen"

Bei Mehrprozessorsystemen können sich die Prozessoren sowohl untereinander als auch gegenseitig beim Speicherzugriff sehr stark behindern.[1] /110/

Ähnlich ist der Blockierungseffekt bei peripheren Speichern, die keinen gleichzeitigen Datenzugriff durch verschiedene Programme zulassen (bspw. Magnetband): ein Programm kann erst dann auf einen Datensatz zugreifen, wenn er von einem anderen Programm freigegeben wird.
Blockierungen können auch bei der virtuellen Speichertechnik auftreten, wenn die "paging-Rate" zu hoch ist: wenn ein exzessives "paging" bspw. durch ineffektive Algorithmen verursacht wird, so wird dieses "paging" auch sehr stark in Rechnung gestellt. /21/.

Derartige Situationen führen zu einer zeitlichen Abrechnungsbasis, die auch die Zeitanteile enthält, während derer ein Programm nicht aktiv sein kann, weil es von anderen blockiert wird. Daher muß eine geeignete zeitliche Abrechnungsgrundlage gefunden werden.[2]

Sofern Programme aufgrund ihres Anforderungsprofils solche Blockierungssituationen selbst verursachen (z.B. durch extensive Speicherbelegung und/oder übermäßige Nutzung peripherer Einheiten), sollten sie bei der Kostenabrechnung in Relation zu dem Ausmaß der Blockierung belastet werden, um "die durch derartige Behinderungen herabgesetzte Systemausnutzungsquote durch entsprechende Kostenzuschläge auszugleichen".[3]

---

1) Vgl. 3.2.2 (1) Leistungsvermögen und Komplexität

2) Vgl. 6.1.3 Maßnahmen zum Ausgleich der Beeinflussung ....

3) Lange, P.; Lindner, K.; Massat, D.: Vorschlag für eine Kostenrechnung von Datenverarbeitungszentren. In: ÖVD, Heft 1/73, S. 24.

3.3 Methoden zur Erfassung von Abrechnungsdaten

Grundlegende Voraussetzung für eine fundierte Kostenabrechnung von ADV-Systemleistungen in RZ ist eine verfahrensadäquate Leistungserfassung.

Jedes leistungsorientierte ARV basiert auf einem Mindestgerüst der erfaßten Daten (z.B. Programmname, Einsatzart, Belegungszeit, Kostenträgerbezeichnung). /26/

Der Verwaltungsaufwand der RZ für ein ARV ist grundsätzlich abhängig von dem ihm zugeschriebenen Wert, den Anforderungen der Benutzer und des RZ selbst sowie im wesentlichen auch von dem Leistungsprofil der ADV-Anlage (bspw. Betriebsart). /109/

Diese Einflußgrößen bestimmen maßgeblich die jeweils angewandte Methode der Leistungserfassung.

3.3.1 Manuelle Erfassung[1]

Die manuelle Erfassung ist für ADV-Anlagen ohne eingebauten Zeitgeber und/oder ohne Unterstützung des Betriebssystems notwendig. Die erforderlichen Eintragungen müssen korrekt unter Angabe der exakten Uhrzeit von dem Operateur in eine Zeiterfassungsliste eingetragen werden.

Die Nachteile dieser Methode liegen in dem hohen Zeitaufwand, der Fehleranfälligkeit, der Ungenauigkeit der zeitlichen Zuordnung (Abgrenzungsschwierigkeiten bei der Zurechnung von Rüst- und Leerzeiten zu Programmlaufzeiten) und auch in einer Verminderung der Durchsatzrate (durch die zusätzliche Belastung des Operateurs bei den Aufzeichnungen). /26 35/

Daher wird eine manuelle Leistungserfassung nur noch in wenigen kleinen RZ durchgeführt.

3.3.2 Maschinelle Erfassung

Sofern die abrechnungsrelevanten Leistungsdaten ohnehin automatisch durch das Betriebssystem aufgezeichnet werden, bereitet eine maschinelle Erfassung keine Schwierigkeiten. /26/

---

1) Vgl. hierzu die Klassifizierung der Erfassungsmethoden in der Literatur nach dem Automatisierungsgrad /35/

Bei ADV-Anlagen mit Einprogrammbetrieb und einem Logbuch führenden Betriebssystem ist die Leistungserfassung und die Kostenabrechnung am wenigsten problematisch, da hier mit Hilfe einer
anlageninternen Uhr lediglich die Programmverweilzeiten registriert werden müssen. /34/
Komplizierter wird dagegen eine Leistungserfassung bei Anlagen
mit Mehrprogrammbetrieb und/oder mit "time-sharing-Betriebssystem". /8/

Eine Kostenabrechnung, die auf einer standardmäßigen Leistungserfassung basiert und bspw. nur die größte Betriebsmittelinanspruchnahme für ein Programm festhält, kann nicht den Anforderungen gerecht werden, die an ein leistungsorientiertes ARV gestellt werden.[1]
Andererseits bedeutet eine differenzierte Leistungserfassung
mit zunehmendem Genauigkeitsgrad auch eine Erhöhung des Verwaltungsaufwands und damit eine zusätzliche Belastung der Anlage.
Carlson hat bei dem Accounting-System SMF[2] von IBM einen Overhead von bis zu 12% ermittelt. /21/

Da im Rahmen einer maschinellen Leistungserfassung auch Daten
generiert werden, die zum Zwecke einer besseren Überwachung des
Systemverhaltens ausgewertet werden können bzw. bedarfsweise
weitere Informationen mit Hilfe von zusätzlichen Auswertungsprogrammen erhältlich sind, muß in jedem RZ individuell geprüft
werden, wieviel Aufwand in die Erfassung abrechnungsrelevanter
Leistungsdaten investiert werden soll.[3] /35/

3.3.3 Mischformen

Es ist auch eine teilautomatisierte Leistungserfassung möglich:
signifikante Leistungsdaten (Programmstart und -ende) werden

---

1) Vgl. hierzu 4.4 Anforderungen der Rechenzentren an ARV und
      4.5 Anforderungen der Benutzer an ARV

2) SMF = System Management Facility

3) Detailliertere Ausführungen folgen in 6.3 Job Accounting

mittels einer Stempeluhr auf vorgelochten Leistungskarten - in
Form von Verbundlochkarten - erfaßt und von der ADV-Anlage ausgewertet.
Die Leistungskarten können auch noch weitere abrechnungsrelevante Daten enthalten und werden dem Programm - bzw. dem Steuerkar-
tenpaket - vorangestellt. /34/

Die teilautomatisierte Leistungserfassung ist zwar weniger zeit-
aufwendig und korrekter als die rein manuelle; aber auch sie
kann den Ansprüchen an ein leistungsorientiertes ARV bei ADV-
Anlagen mit Mehrprogrammbetrieb nicht genügen, da eine exakte
Ermittlung "der Gesamtablaufzeit für jedes Programm sowie die
Zeitanteile für die Benutzung der Zentraleinheit und der peripheren Geräte" nicht mit der hierfür notwendigen Genauigkeit
möglich ist.[1]

---

1) Fischbach, F.; Ott, W.; Weise, J.: Das Rechenzentrum. Köln
   1974, S. 156.
   Vgl. hierzu auch 6.3.2 Anforderungen an Job Accounting

4 Umfeldspezifische Abrechnungsmerkmale und -bedingungen

Neben den allgemeingültigen - und hier insbesondere den anlagenbedingten - Abrechnungsmerkmalen können auch externe Einflußfatoren ein ARV determinieren. /60/ Dies soll Bild 4 auf der folgenden Seite veranschaulichen.

Die wesentlichen Einflußgrößen sind (ökonomische) Ziele, Funktionen und/oder organisatorische Stellung der RZ sowie die spezifischen Anforderungen, die aufgrund der Eigenschaften bestimmter Anwendungen von den Benutzern an die RZ gestellt werden.

Auch die Anforderungen an das ARV (sowohl von Seiten des RZ als auch von Seiten der Benutzer) können den Gestaltungsspielraum von Verfahren zur Abrechnung von ADV-Systemleistungen maßgeblich beeinflussen.

4.1 Ziele von Rechenzentren

Allen Aktivitäten von Unternehmungen liegen Zielsetzungsentscheidungen zugrunde, die die anzustrebenden Ziele vorgeben. Im folgenden werden nur solche grundlegenden (ökonomischen) Zielsetzungen aufgeführt, deren unterschiedlich starke Ausprägung in verschiedenen (Typen von) Rechenzentren auch einen unterschiedlich starken Einfluß auf die Abrechnungssituation ausübt. /44/ Demnach können bestimmte Wirtschaftlichkeitsziele - zumindestens tendenziell - auch bestimmten (Typen von) Rechenzentren zugeordnet werden. Hiermit lassen sich i.a. zugleich Tendenzaussagen über die Unternehmensstruktur bzw. die organisatorische Einbindung von RZ ableiten. Zuerst werden die wesentlichen Wirtschaftlichkeitsziele von RZ vorgestellt.

4.1.1 Kostenminimierung und Gewinnmaximierung

Die ökonomischen Maximen der Kostenminimierung und Gewinnmaximierung finden ebenso wie bei anderen Unternehmen auch bei solchen RZ Anwendung, die rechtlich und organisatorisch unabhängige Wirtschaftseinheiten sind und ihre ADV-Dienstleistungen am Markt anbieten.

Das wirtschaftliche Ziel einer Gewinnmaximierung streben auch unternehmensinterne RZ mit einer Profit-Center-Struktur an.

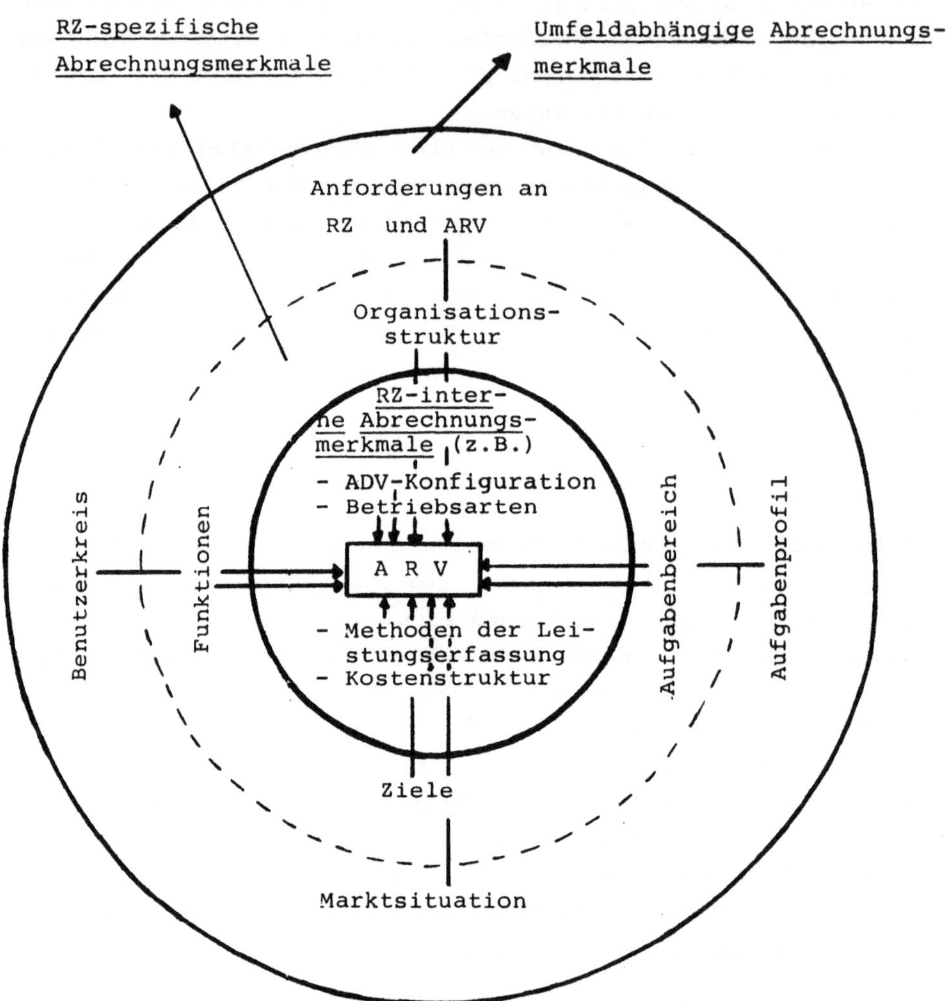

Bild 4 : Einfluß interner umfeldabhängiger Abrechnungsmerkmale
und -bedingungen [1]

---

1) In Anlehnung an: Grochla, E.: Management: Organisation als Instrument der Unternehmensführung. 1. Aufl., Düsseldorf-Wien 1974,
S. 13o.

Bei diesem Organisationskonzept werden autonome organisatorische Einheiten eines Unternehmens als selbständige Teilbereiche ausgegliedert und mit Gewinnverantwortung ausgestattet. /58/.
Sofern RZ in dieser Form organisiert sind, müssen sie Gewinn erzielen und treten ihren Benutzern gegenüber (z.B. Fachabteilungen eines Unternehmens) als Anbieter von ADV-Dienstleistungen auf und verkaufen diese zu marktgerechten Preisen.
Da RZ als Profit-Center für ihre Kosten, Gewinne und Rentabilität selbst verantwortlich sind, werden sie in gleicher Weise wie rechtlich selbständige RZ zu einer permanenten Wirtschaftlichkeitskontrolle angehalten. /75/
Auch sie müssen also die Kosten für die Leistungserbringung minimieren bzw. optimieren oder bei gegebenen Kosten einen möglichst großen Ertrag erzielen.

Wesentliche Voraussetzung für eine Kostenminimierung bzw. Gewinnmaximierung ist eine im Zeitablauf möglichst gleichmäßige Auslastung der ADV-Anlage. Hierzu bieten sich auf kurzfristiger Ebene dispositive Maßnahmen an (z.B. Zusammenstellung eines optimalen Jobmix, Beeinflussung der Programmabgabe durch ein gestaffeltes Preissystem). Einen höheren Stellenwert erlangt der Aspekt einer gleichmäßigen Anlagenauslastung bei langfristiger Sichtweise: die Übereinstimmung von Anforderungs- und Leistungsprofil erfordert vielfach eine strategische Unternehmenspolitik. Hierzu zählt insbesondere die Einrichtung von Stellen für eine Akquisition: die Benutzer sollen zur verstärkten Nutzung von Rechenanlagen motiviert bzw. der Bedarf neuer Benutzergruppen mit einem erweiterten Dienstleistungsangebot geweckt oder stimuliert werden. Derartige Marktstrategien zielen schließlich auch auf eine Umsatzmaximierung bzw. eine Erhöhung des eigenen Marktanteils hinaus.[1]

4.1.2 Umsatzmaximierung und Erhöhung des Marktanteils

Umsatzmaximierung und Erhöhung des Marktanteils sowie verwandte Zielsetzungen (Imagepflege) haben i.a. nur dort sekundären Rang, wo die Wirtschaftlichkeitsziele der Kostenminimierung und Ge-

---

[1] Vgl. hierzu 4.3.2 Marktorientierte Service-Rechenzentren

winnmaximierung unabdingbare Voraussetzung für die Existenzsicherung eines RZ sind.

Dagegen können sie bei Unternehmen mit einer aggressiven Expansionspolitik (zumindestens in bestimmten Unternehmensbereichen) dann von primärer Bedeutung sein, wenn eventuell hier auftretende Verluste in anderen Unternehmensbereichen aufgefangen werden können. Dieser Sachverhalt läßt sich insbesondere bei herstellerabhängigen Service-RZ erkennen[1]: diese RZ führen vielfach marktstrategische Aktivitäten durch. Um mit ihrem Dienstleistungsangebot ein breiteres Benutzerpotential anzusprechen, erweitern sie die Leistungspalette (indem sie bspw. kontinuierlich die ADV-Konfiguration ausbauen) und schaffen somit die Voraussetzungen für eine Unternehmenspolitik, die die Priorität mehr in den langristigen Zielen einer Umsatzmaximierung und Erhöhung des eigenen Marktanteils von ADV-Dienstleistungen als in den relativ kurzfristigen Zielen einer Kostenminimierung und Gewinnmaximierung sieht. Dadurch wird - bei konstantem Auftragsvolumen - die Konkurrenzsituation der freien Service-RZ verschlechtert. Diese Strategie verfolgen die Marktführer der ADV-Branche.

4.1.3 Kostendeckung

Sofern RZ keine der o.a. Ziele verfolgen, streben sie zumindestens das wirtschaftliche Minimalziel einer kostendeckenden Arbeitsweise an. /33/

Das Kostendeckungsprinzip setzt voraus, daß die den Benutzern in einer Abrechnungsperiode angerechneten Kosten die in diesem Zeitraum aufgelaufenen Istkosten decken. Ein RZ kann also nur dann kostendeckend arbeiten, wenn die (z.B. im Rahmen einer Vorkalkulation[1]) veranschlagten Kostensätze mit den tatsächlich entstandenen Kosten übereinstimmen. /13/

Das erfordert aber eine sorgfältige Kalkulation zur Vermeidung auslastungsbedingter Kostenunter- und Kostenüberdeckungen.

RZ mit kostendeckender Arbeitsweise sind nicht in dem Maße wie solche mit Gewinnverantwortung zu einer ständigen Überprüfung der Wirtschaftlichkeit und Effizienz der ADV-Anlage verpflichtet: demnach können in den Fällen, wo die Leistungen abgerech-

---

1) Vgl. hierzu 5.2.1 Vorkalkulation

net werden, die den Benutzern angelasteten Kosten vergleichsweise hoch sein.
Zudem sind die hier angewandten ARV meistens sehr einfach, z.T.
sogar beanspruchungsunabhängig und damit auch von den erbrachten Leistungen isoliert.[1]

4.2 Funktionen von Rechenzentren

Auch die unterschiedlichen Funktionen von RZ beeinflussen ein
ARV in verschiedener Weise. Dabei werden wiederum nur solche
RZ-Funktionen angeführt, die im Hinblick auf die Abrechnung von
ADV-Systemleistungen von Bedeutung sind.

4.2.1 Bereitstellung von Rechnerkapazitäten (Produktion)

Die elementare Funktion der RZ besteht in der kostengünstigen
(im Idealfall: der kostenoptimalen) Bereitstellung von teilweise beschränkten Rechnerkapazitäten. Das in allen Bereichen zunehmende Aufgabenvolumen kann nur noch mit Hilfe von ADV-Anlagen außer Haus bewältigt werden. Dadurch wird einerseits eine
kapazitätsmäßige Zentralisierung und andererseits oft eine Spezialisierung (auf bestimmte Anwendungen, Branchen und Regionen)
begünstigt. Insbesondere in vielen Klein- und Mittelbetrieben
ist die Einstiegsschwelle für eine eigene ADV-Anlage - trotz des
ständig verbesserten Preis-Leistungsverhältnisses - noch nicht
erreicht; hier erweist sich die interne Aufgabenabwicklung auf
dem eigenen Rechner als unwirtschaftlich, da das Preis-Leistungs-
Verhältnis größerer ADV-Anlagen immer noch bedeutend besser ist
als das von mehreren Kleinrechnern oder Anlagen der mittleren
Datentechnik (MDT-Anlagen). /98/
Von den zahlreichen Gründen, die für eine Nutzung extern bereit-
gestellter Rechnerkapazitäten sprechen, seien hier nur einige
exemplarisch genannt: /27/

- Vermeiden potentieller Fehlinvestitionen durch falsche
  Auswahl bzw. mangelnde Kapazitätsauslegung der ADV-Anlage

---

1) Vgl. hierzu 4.3.3 Unternehmensinterne Rechenzentren

- Inanspruchnahme einer breiten Dienstleistungspalette und
  Kostenvorteile durch eine Schematisierung von Routine-
  Aufgaben in Form von Standard-Anwendungssoftware

- Ausnutzung aller angebotenen informationstechnologischen
  Vorteile

- Ausgliederung bestimmter (insbesondere zeitkritischer)
  Aufgaben zur Vermeidung kapazitativer Engpässe bzw. Glät-
  tung von Arbeitsspitzen auf der eigenen ADV-Anlage

Für die Benutzer ist wesentlich, daß die durch Zentralisierung
und/oder Spezialisierung von Service-RZ gewonnenen Kostenvorteile weitergegeben und nicht durch breite Gewinnspannen des RZ
wieder kompensiert werden. /27/

4.2.2 Test- und Demonstrationszentrum

RZ können ihre Rechnerkapazitäten auch für Test- und Demonstra-
tionszwecke zur Verfügung stellen. Neue ADV-Komponenten -insbe-
sondere Softwareprodukte - werden ausgetestet und für den Betrieb auf entsprechenden Anlagen der Benutzer freigegeben.
Derartige RZ sind mit komplexen ADV-Konfigurationen (besonders
leistungsfähige Zentraleinheiten) ausgestattet. /124/
Wenn neben den Testaktivitäten keine Produktionsarbeiten durchgeführt werden, treten Auslastungsschwankungen auf; dadurch fallen z.T. erhebliche Kosten an.
Die Demonstrationsfunktion ist insbesondere bei solchen RZ bedeutend, die von ADV-Herstellern betrieben werden: alle im Ver-
triebsprogramm geführten Hardwarekomponenten und Softwareprodukte werden in dem RZ bereitgehalten. /11/
Auf diese Weise werden neue Benutzer zu einer Inanspruchnahme
der ADV-Anlage angeregt und/oder potentielle Käufer einer Anlage gewonnen.
Solche langfristigen strategischen Ziele können ein ARV in Test-
und Demonstrationsrechenzentren beeinflussen: die in Rechnung
gestellten Preise liegen oft unter dem Preisniveau anderer marktorientierter RZ. /35/

4.2.3 <u>Installationsvorbereitung</u>

Wenn ein Unternehmen sich für die Implementierung einer ADV-Anlage entschieden hat, vermittelt das RZ vor Inbetriebnahme der
eigenen Anlage erste Erfahrungen. /29/
Durch die sukzessive Vorbereitung der Aufgabenabwicklung werden
sowohl in der Einführungsphase als auch bei der späteren Über-
nahme auf die eigene Anlage erhebliche Kosteneinsparungen (insbesondere Personalkosten) erzielt. Da die Installationsvorberei-
tung i.a. in RZ mit Hardwarevertrieb bzw. primär in herstellerabhängigen Service-RZ praktiziert wird, werden auch die den Benutzern angerechneten Preise durch die übergeordneten Ziele des
"Hersteller-Unternehmens" bestimmt.

4.3 <u>Typen von Rechenzentren</u>

RZ haben viele gemeinsame oder zumindestens verwandte Merkmale.
Dennoch erscheint eine Klassifizierung der verschiedenen Typen
von RZ zweckmäßig. Eindimensionale Klassifizierungsversuche mit
Kriterien wie bspw. Größe (Maßstab: Jahresumsatz) eines RZ oder
etwa Generation der installierten ADV-Anlage sind insbesondere
im Hinblick auf eine Analyse der Abrechnungssituation unzureichend.
In diesem Zusammenhang sind wesentliche Beschreibungsmerkmale
vielmehr die bereits o.a. Wirtschaftlichkeitsziele, Funktionen
und die organisatorische Stellung von RZ. Werden diese mit weiteren Klassifizierungskriterien (z.B. Aufgaben-, Benutzer- und
Leistungsprofil) kombiniert, so können verschiedene RZ-Typen
spezifiziert werden.
Als Hilfsmittel zur Klassifizierung von RZ-Typen kann der folgende Kriterienkatalog herangezogen werden
Den weiteren Ausführungen ist Bild 5 vorangestellt. Sie zeigt
die Häufigkeit bestimmter RZ-Typen nach /70/

Hier schließt sich die Darstellung bestimmter ausgewählter RZ-
-Typen an: dabei steht die Beschreibung insbesondere der umfeldspezifischen Abrechnungsbedingungen im Vordergrund.

4.3.1 Kriterienkatalog zur Klassifizierung von RZ-Typen

Die im folgenden aufgeführten Kriterien ermöglichen in ihrer
Kombination eine Kennzeichnung verschiedener RZ Typen. Hiermit
soll lediglich eine Zusammenfassung der im weiteren Text berücksichtigten (aber nicht immer explizit genannten) Klassifizie-
rungsmerkmale als Orientierungshilfe gegeben werden.

(1) **Entscheidungs- und Auswahlfreiheit bei Neu- und Ersatzbe-
    schaffung von ADV-Anlagen**
    - vollständig autonom
    - Einfluß durch Dritte
    - Abhängigkeit von Dritten

(2) **Innovationsgrad des Maschinenparks** /34/
    - gering
    - mittel
    - hoch

(3) **Funktionen von RZ**
    - Bereitstellung von ADV-Kapazitäten für Produktion
    - Test- und Demonstrationszentrum
    - Installationsvorbereitung

(4) **(Wirtschaftlichkeits-) Ziele von RZ**
    - Kostenminimierung (-optimierung)
    - Gewinnmaximierung
    - Erhöhung des eigenen Marktanteils bzw. Umsatzmaximierung
    - Imagepflege
    - Kostendeckung

(5) **Organisatorische Strukturen von RZ**
    - wirtschaftlich und rechtlich selbständige Einheiten
    - autonome Subsysteme (Linie, z.B. Profit-Center)
    - Einheiten mit Assistenzfunktionen (Stabsstellen)

(6) **Leistungsprofil**
    - Beratungskapazität ("Anwender-Know-how")
    - Anteil von Forschungs- und Entwicklungsaktivitäten

- spezialisiertes/breitgestreutes Dienstleistungsangebot
- Zentralisierung/Dezentralisierung
- Flexibilität der Systemauslegung
- Systemverfügbarkeit und -sicherheit
- Verfügbarkeit von Dienstleistungs- und Standardanwendungs-
  programmen
- Benutzungskomfort der ADV-Anlagen
- Betriebsarten
- Implementation neuer Informationstechnologien
- Betriebsarten
- Umfang von DÜ- und Dialog-Anwendungen
- Rechnerstrukturen
- Einsatz von Testhilfen und Programmiersystemen
- Programmbibliotheken und Datenbanken

(7) <u>Benutzerprofil</u>
  - Grad der ADV-Erfahrung
  - homogener/heterogener Benutzerkreis
  - konstanter/fluktuierender Benutzerkreis
  - interne/externe Benutzer

(8) <u>Aufgabenprofil</u>
  - homogen/heterogen
  - Zeit-/Mengengerüst der Programme
  - Betriebsmittelanforderungen
  - Anforderungen an Arbeitsvor- und Arbeitsnachbereitung
  - Anteil von Produktions-/und Testarbeiten
  - Ableitbarkeit aus übergeordneten Aufgaben
  - zeitlicher Anfall (periodisch/stochastisch)
  - Zeitanforderungen
  - Datenschutz- und Datensicherheitsanforderungen
  - Benutzung gemeinsamer Datenbestände und/oder Programmbib-
    liotheken

(9) <u>Zugangsform</u>
  - "Open-shop-Betrieb"
  - "Closed-shop-Betrieb"
  - gemischter Betrieb

(10) <u>Ablaufplanung im RZ</u>
   - keine Disposition (möglich)
   - mittelfristige Einplanung der Programme
   - genaue Jobplanung ("Job scheduler")

(11) <u>Methodenorientierung</u>
   - Methodenentwicklung
   - Methodennutzung
   - Methodenentwicklung und -nutzung

(12) <u>Leistungskontrolle und Kostenabrechnung</u>
   - Verwaltungsaufwand (insbesondere zur Leistungserfassung)
   - Überprüfung der Systemeffizienz (Wirtschaftlichkeitskontrolle)
   - Budgetierung (Rationierung) der Rechnerleistungen
   - Instrument zur langfristigen Kapazitätsplanung
   - Einfluß auf Benutzerverhalten

(13) <u>Integration in Rechnerverbundsystemen</u>[1]
   - Datenverbund
   - Funktionsverbund
   - Lastverbund
   - Kommunikationsverbund

---

1) Dieses Kriterium wurde bei der vergleichenden Analyse von ARV
   ausgeschlossen

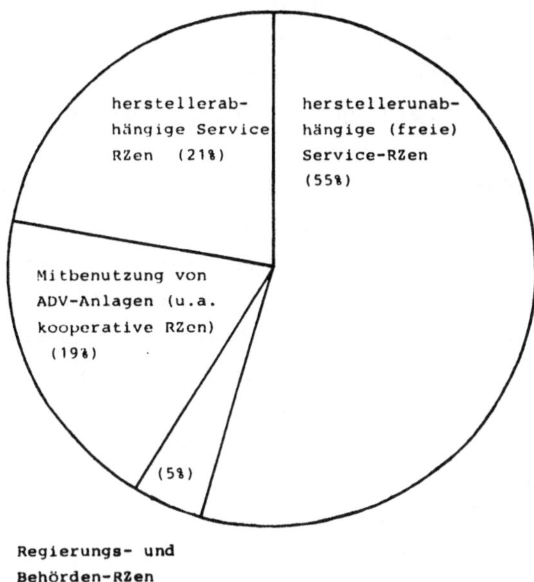

Bild 5: Anteile von RZ-Typen am "Außer-Haus-Service" /70/

4.3.2 Marktorientierte Service-Rechenzentren

Die Entstehung dieses RZ-Typs ist maßgeblich durch eine Markt-
lücke an ADV-Dienstleistungen begünstigt worden. Insbesondere
in Klein- und Mittelbetrieben war die Eintrittsschwelle zu einer wirtschaftlichen "In-house-Datenverarbeitung" noch nicht
erreicht.
Die primäre Funktion marktorientierter RZ besteht demnach darin,
einer Vielzahl von externen Benutzern ADV-Kapazitäten zur Verfügung zu stellen.
Dabei ist grundsätzlich zu differenzieren zwischen: /7/

- herstellerabhängigen Service-RZ: sie sind wirtschaftlich
  und organisatorisch in das Gesamtkonzept des "Hersteller-
  Unternehmens" integriert. Die installierten ADV-Anlagen
  stammen - zumindestens größtenteils - aus der Produktion
  des Herstellers

- herstellerunabhängigen (freien) Service-RZ: sie treten
  nach außen als rechtlich (meistens in der Rechtsform der
  GmbH oder GmbH & CoKG) und organisatorisch selbständige
  Wirtschaftseinheiten auf und streben dieselben wirtschaftlichen Ziele an wie andere vergleichbare Unternehmen.[1]

Freie RZ können sich entweder auf bestimmte Branchen, Anwendungen und/oder Regionen spezialisieren und ihre ADV-Kapazitäten
einem homogenen Benutzerkreis anbieten oder mit einer breitge-
fächerten Dienstleistungspalette einen heterogenen Benutzerkreis
ansprechen. /45/ Letztlich ist die Gestaltung der Leistungsstruk-
tur davon abhängig, mit welcher Unternehmensstrategie eine optimale Ressourcenauslastung und damit auch ein Höchstmaß an Wirtschaftlichkeit erzielt werden kann.

Die Benutzer fordern, daß die dem RZ übergebenen Aufgaben rati-
onell und wirtschaftlich sowie unter Einhaltung zusätzlicher
Anforderungen (z.B. Datensicherheit und Termintreue) abgewickelt
und mit einem für sie günstigen Preis verrechnet werden.
Sofern in RZ leistungsstarke ADV-Anlagen installiert sind, können die hieraus resultierenden Kostenvorteile dann an die Benutzer weitergegeben werden, wenn die Gewinnzuschläge nicht zu hoch
sind. /110/
Freie Service-RZ versuchen, den für sie optimalen Preis auf dem
Markt zu erzielen. Demzufolge ist die Abrechnungssituation hier
durch die Notwendigkeit einer gewinnbringenden Weiterbelastung
der Kosten gekennzeichnet./25/ Gewinne und Kosten sind ausschließlich durch die Leistungsentgelte abzudecken, die wiederum so bemessen sein müssen, daß es sich für die Benutzer nicht lohnt,
eine eigene ADV-Anlage zu installieren. /26 27/
Dazu ist eine differenzierte Leistungserfassung und eine permanente Leistungskontrolle der einzelnen ADV-Komponenten notwendig. Mit einem gestaffelten Preisgefüge können zudem die unterschiedlichen Kapazitätsanforderungen der Programme entsprechend
bewertet und mögliche Auslastungsschwankungen der Anlage aufgefangen werden.

---

1) Vgl. hierzu 4.1 Ziele von Rechenzentren

In herstellerabhängigen Service-RZ ist das (kurfristige) Ziel der Kostenminimierung bzw. Gewinnmaximierung oft nebenrangig. Der Hersteller sammelt auf dem freien Markt zahlreiche Erfahrungen über neue ADV-Anlagen oder -Komponenten und kann auf diese Weise auch bestimmte Marktstrategien (z.B. Erhöhung des eigenen Marktanteils) verfolgen. /35/
Die kostenmäßige Bewertung der Leistungen unterliegt demnach auch nicht denselben Wirtschaftlichkeitsmaximen wie denen freier Service-RZ. "... the job price may be adjusted to attract clients and may not accurately reflect the job cost".[1]

Eine solche "benutzerfreundliche" Preisgestaltung ist auch in herstellerunabhängigen Service-RZ möglich, wenn im Rahmen einer Akquisition Werbemaßnahmen durchgeführt und den Benutzern ADV-Leistungen zu besonders günstigen Preisen angeboten werden.
In diesem Fall wird die Preisbildung und damit auch das ARV ein Instrument zur Marktsteuerung.

4.3.3 Unternehmensinterne Rechenzentren

Die Organisationsform von unternehmensinternen RZ wird stark von bestimmten unternehmensindividuell vorgegebenen Richtlinien mitgeprägt. /23/
Unternehmensinterne RZ sind entweder als selbständige Organisationseinheiten mit Gewinnverantwortung (Profit-Center) aus einem Unternehmen oder Konzern ausgegliedert oder in Form z.B. einer Stabsstelle organisatorisch in das Gesamtunternehmen integriert. /26/
Bild 6 auf der folgenden Seite veranschaulicht eine mögliche organisatorische Eingliederung eines unternehmensinternen RZ.
Das Aufgabenprofil wird im wesentlichen durch Verwaltungsfunktionen (z.B. Lohnbuchhaltung und Fakturierung) und damit durch Anwendungsprogramme bestimmt, in denen umfangreiche Datenbestände verarbeitet werden und deren Abwicklung in einem starren zeitlichen Raster anfällt und die zu fest vereinbarten Terminen ab-

---

1) Kreitzberg, Charles B.; Webb, Jesse H.: An approach to job pricing in a multiprogramming environment. In: AFIPS Conference Proceedings 1972, Part I, S. 116.

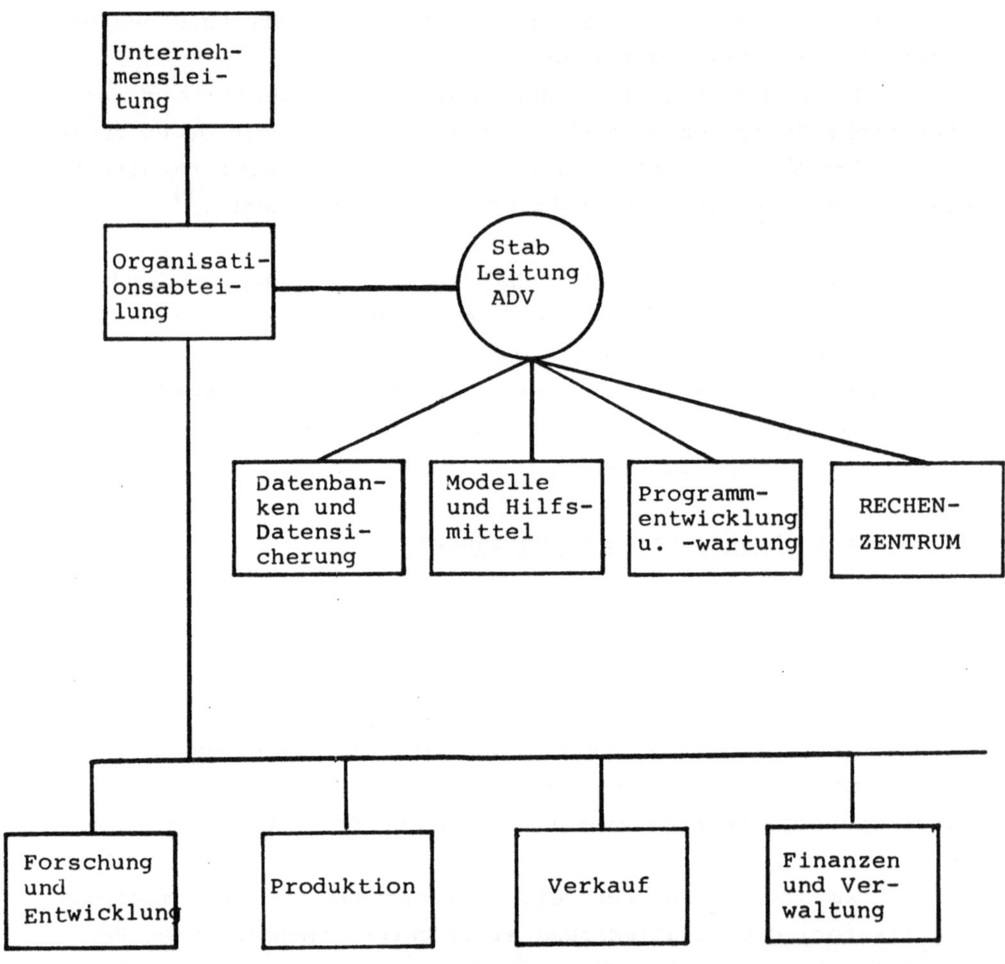

Bild 6 : Mögliche organisatorische Eingliederung eines RZ in die Unternehmensstruktur (als Teil einer Stabsstelle)

geschlossen sein müssen.

Testaktivitäten und Aufgaben aus dem technisch-wissenschaftlichen Bereich sind selten und determinieren nicht den Rhythmus des Betriebsablaufes im RZ. /35/

Aufgrund des homogenen Benutzerkreises mit "fest umrissenen Aufgabenkreisen und der vorliegenden Mengengerüste sind Kapazitätsabschätzungen im voraus leichter möglich als bei manchem anderen Rechenzentrumstyp".[1]
Die über längere Zeiträume weitgehend bekannte Anlagenauslastung ermöglicht eine zumindestens mittelfristige Kapazitätsplanung. Unternehmensinterne RZ streben meistens eine Kostendeckung an. Sie sind nicht - wie bspw. freie Service-RZ - zu einer effizienten Arbeitsweise gezwungen: bei den Führungskräften des RZ fehlt der Anreiz zu einer ständigen Wirtschaftlichkeitskontrolle und bei den Benutzern die Motivation zu einer Kosten-Nutzen-Analyse ihrer Anwendungsprogramme. Das gilt - ex definitione - nicht für RZ mit Profit-Center-Konzept.

Die angewandten ARV sind häufig sehr einfache Kostenumlageverfahren, bei denen mitunter Kosten in Höhe von mehreren Millionen DM pro Jahr in die Verwaltungsgemeinkosten eines Unternehmens einmünden. /75/
Da mit steigenden Kosten in den RZ solche beanspruchungsunabhängigen ARV unzureichend sind, wird auch für diesen RZ-Typ eine Abrechnung mit festen bzw. flexiblen (nachfrageorientierten) Preisen diskutiert. Hiermit sollen Angebot und Nachfrage an ADV-Kapazitäten innerhalb eines Unternehmens ausbalanciert werden. Dabei können zahlungsfähigere Abteilungen momentan zahlungsschwache verdrängen. Somit wird das ARV unternehmensinterner RZ ein wesentliches pretiales Lenkungsinstrument. /1 94/
Auch andere unternehmensspezifische Determinanten (z.B. interne Budgetpolitik) beeinflussen das ARV: die grundlegenden Aspekte zur Abrechnungssituation werden hier nur durch die Vielfalt un-

---

1) Graef, Martin; Greiller, Reinald: Organisation und Betrieb eines Rechenzentrums. Stuttgart-Wiesbaden 1975, S. 25f.

ternehmerischer Strategien beschränkt.

4.3.4 Kooperative Rechenzentren

Gemeinschaftliche RZ entstehen durch Zusammenschluß mehrerer, meist kleinerer Unternehmen, die entweder einer bestimmten Branche angehören oder für sehr unterschiedlichen Bereichen tätig sind. Im Gegensatz zu branchenbezogenen RZ, in denen durch gemeinsame saisonale Schwankungen Auslastungsspitzen bzw. -täler auftreten, sind Unternehmen verschiedener Branchen und unterschiedlichen Spitzenbelastungen eine gute Voraussetzung für einen relativ konstanten Auslastungsgrad der ADV-Anlage. /7/
Der hierfür bekannteste Fall ist das Schrammberger Modell, in dem sich aufgabenmäßig völlig unterschiedlich geartete Benutzer zusammengefunden haben (4 Industriebetriebe, 1 Kreditinstitut, 1 öffentlicher Betrieb). Zu der Klasse der kooperativen RZ gehören aber auch die kommunalen RZ in den einzelnen Bundesländern. Um die Kompetenzfrage im Hinblick auf Auswahl und Einsatzplanung von ADV-Anlagen vertraglich abzusichern, werden kooperative RZ oft wirtschaftlich-rechtlich verselbständigt; sie treten dann als Service-Unternehmen gegenüber ihren ursprünglichen Gründungsmitgliedern auf. /78/

Ebenso wie in unternehmensinternen RZ "stehen auch hier feste in periodischen Zeitabschnitten wiederkehrende Routinearbeiten im Vordergrund".[1] Dieser RZ-Typ arbeitet wie ein RZ mit Profit-Center-Struktur: ein echtes Gewinnstreben besteht allerdings i.a. nicht. /70/
Auch hier sind allgemeingültige Aussagen über die angewandten ARV - aufgrund der verschiedenen Realisierungsformen kooperativer RZ - nicht möglich. Der Zusammenschluß mehrerer Unternehmen zum Zwecke einer gemeinsamen ADV im kooperativen RZ zahlt sich für die Benutzer jedoch nur dann aus, wenn die in Rechnung gestellten Preise unter denen von marktorientierten Service-RZ liegen.

---

1) Graef, Martin; Greiller, Reinald: Organiastion und Betrieb eines Rechenzentrums. Stuttgart-Wiesbaden 1975, S.27.

4.3.5 Hochschulrechenzentren

Die ADV im Bereich von Forschung und Lehre unterscheidet sich
in einigen Punkten ganz wesentlich von der ADV in Wirtschaft
und Verwaltung. /96/
Von besonderer Bedeutung ist die mangelnde Entscheidungsautono-
mie und Freiheit bei der Auswahl und Implementierung von ADV-
Anlagen. Der Bedarf an Datenverarbeitungskapazität wird hier
"global durch langfristige politische Ziele und lokal mittelfristig durch Erwägungen verschiedenster Art gesetzt".[1]
Der politischen Entscheidung über die verfügbaren Mittel steht
ein sehr hoher latenter Bedarf gegenüber. Hinzu kommen verwal-
tungstechnische Hemmnisse, die mit den Methoden der Mittelbewil-
ligung und -verwaltung (z.B. Komplexität der Genehmigungsvorgän-
ge, fehlende Übertragbarkeit von Mitteln) verbunden sind. /20/
Peischl gibt ein Beispiel für den umständlichen Ablauf eines
Genehmigungsverfahrens für ein Hochschul-RZ. /85/

Die mangelnde Flexibilität führt zu einer z.T. erheblichen Differenz zwischen der Bedürfnisstruktur der Benutzer und den vorhandenen ADV-Kapazitäten. Aber auch im Falle eines begrenzten
Ermessensspielraums bei der Kapazitätsplanung von ADV-Komponenten entstehen Probleme bei der Festlegung des zukünftigen Bedarfs. /42/

Die Benutzer besitzen oft keine oder nur unzulängliche Kennt-
nisse in der ADV und treten "mit unterschiedlichen Anforderungen zu nicht vorhersehbaren Zeiten an das System" heran.[2]
Kurzlebige, kleinere Programme mit zahlreichen Übersetzungsläu-
fen aus dem Bereich der Lehre konkurrieren mit Programmen aus
der Forschung, wo hohe Anforderungen an die Rechnerkapazität
bei vergleichsweise wenigen Produktionsläufen gestellt werden.
/42/ "... the greater part of the computing work is done for
test and development of complex algorithmic programs which have

---

1) Edelhoff, Eckhard: Das Hochschulrechenzentrum als Dienstlei-
   stungseinrichtung. In: IBM Nachrichten, 26. Jg., S. 341.

2) Schmitz, Paul; Hasenkamp, Ulrich: Zukünftige Nutzungsformen
   der ADV im Hochschulbereich. In: Angewandte Informatik, Heft
   5/78, S. 196.

a very short production lifetime".[1]

Hinzu kommt, daß die Benutzer mit der Einstellung, Rechenkapazität müsse zur Beantwortung ihrer wissenschaftlichen Fragestellungen nahezu uneingeschränkt verfügbar sein, oft nur eine eigene Nutzenmaximierung anstreben, ohne dabei an ihre Mitbenutzer zu denken; dabei fordern sie für ihre Arbeit vielfach optimale Randbedingungen, ohne selbst über wirtschaftliches Bearbeiten ihrer eigenen Aufgaben nachzudenken. /72/

Eine differenzierte Arbeitsvorbereitung in Form einer Folgeplanung für die Programme - wie in den meisten anderen RZ-Typen - ist hier nicht praktikabel.

Daraus resultieren oft Überlastungserscheinungen, "die mit sinnvollem Aufwand nicht vermeidbar sind (bspw. Engpässe zu bestimmten Tageszeiten, lange "turn-around-Zeiten" für gewisse Auftragsklassen)".[2]

Hochschul-RZ streben eine kostendeckende Arbeitsweise an. Das Ziel besteht darin, "mit gegebenen Mitteln ein Maximum an Leistungsfähigkeit zur Verfügung zu stellen".[3]

Rechtliche Grundlagen legen richtlinienmäßig Aufgabenbereich, Zuständigkeit sowie Benutzungs- und Abrechnungsmodalitäten fest. Die wichtigsten sind:

- Gesetz über die Organisation der automatisierten Datenverarbeitung in Nordrhein-Westfalen, 12. Februar 1974
- Grundsätze für die Errichtung und den Betrieb von Hochschulrechenzentren. Beschluß der Kultusministerkonferenz vom 31. Oktober 1975 (KMK-Richtlinien)
- ADV-Gesamtplan für die Hochschulen des Landes Nordrhein-Westfalen bis 1980 aus dem Jahre 1975.

---

1) Roberts, Michael M.: A Separatist's View of University EDP. In: Datamation, Vol. 17 No. 5, S. 29.

2) Wall, Dieter: Wissenschaftliche Rechenzentren im Verbund. In: Datascope, Heft 27/78, S. 30.

3) Schmitz, Paul; Hasenkamp, Ulrich: Zukünftige Nutzungsformen der ADV im Hochschulbereich. In: Angewandte Informatik, Heft 5/78, S. 196.

In den KMK-Richtlinien ist auch eine nach Benutzerklasse und
Aufgabenrang differenzierte Entgeltregelung festgesetzt. Danach
gibt es folgende Kosten- bzw. Gebührengruppen:

(1) keine Kosten
(2) Betriebskosten
(3) Selbstkosten Land
(4) Marktpreise

Alle Benutzer lassen sich anhand der Benutzungsordnung eines
Hochschul-RZ einer dieser Kostengruppen zuordnen. Der Benutzerkreis kann bei der Kostenabrechnung in Institute, Projekte und/
oder Einzelpersonen (bei regionalen Verbundrechenzentren auch
in einzelne Hochschulen) aufgesplittet werden. Damit ist für
das ARV gesetzlich fixiert, welche Benutzer nach welchen Kostengruppen abzurechnen sind. Wie die Kosten der einzelnen Kostengruppen ermittelt werden können, wird in Anlage 2 im Anhang dargestellt. /5/
Sonderleistungen (z.B. exklusive Nutzung, Anschluß eigener Hardwarekomponenten) können getrennt abgerechnet werden. /62/
Aus der Sicht des Rechnungshofes erscheinen die KMK-Richtlinien
allerdings umständlich und teilweise auch unverständlich. Als
Vertreter des Rechnungshofes stellt Kiel deswegen auch eine ein-
fachere Version der Zuordnung von Aufgaben zu Rangstufen und eine auf das geltende Haushaltsrecht abgestimmte Entgeltregelung
vor. Zudem soll für alle Hochschul-RZ in Niedersachsen ein ein-
heitliches Betriebsabrechnungssystem mit Kostenarten-, Kostenstellen und Kostenträgerrechnung, ergänzt um die kalkulatori-
schen Kosten eingeführt werden. Hiermit ist eine gute Grundlage
für die Vergleichbarkeit der abgerechneten Dienstleistungen von
Hochschul-RZ gegeben. /57/

Aus der Sicht eines externen Benutzers ist die Kostenabrechnung
relativ unproblematisch: diese entrichten Preise, die an die
marktorientierter Service-RZ angelehnt sind, aus Wettbewerbs-
gründen aber nicht darunter liegen dürfen.
Eine differenzierte Leistungserfassung (und -kontrolle) - wie
in den meisten Service-RZ - ist allerdings kaum üblich. /100/

Da sich in einem Hochschul-RZ Angebot und Nachfrage an Rechenleistung nicht nach einem Modell aus der freien Marktwirtschaft
regeln, - die Benutzer haben i.a. nicht die Möglichkeit, sich
durch Zahlung eines höheren Preises eine höhere Priorität zu
erkaufen - sind Maßnahmen zur Rationierung der Rechenleistung
(Kontingentierung) notwendig. Eine detaillierte Beschreibung
des Kontingentierungsverfahrens folgt unter 5.4.2 (1).
Diese Form einer Planwirtschaft wird insbesondere für die unentgeltlich arbeitenden Benutzer (Kostengruppe 1) mit z.T. erheblichen Anforderungen an die ADV-Kapazitäten notwendig.
Mit derartigen Beschränkungen ist aber noch keine effiziente
Anlagennutzung gewährleistet: gerade Hochschul-RZ sind extremen
Auslastungsschwankungen unterworfen (bspw. Semesterferien); die
dadurch entstehenden höheren Kosten werden nicht - wie z.B. in
unternehmensinternen RZ - den Benutzern in Form einer Umlage angelastet. "In ... universities, the computer charges are absor-
bed by the institution as overhead; in these installations the
job price is effectively zero - the job costs are not".[1] /20/

4.3.6 Mischformen

Einige RZ (bspw. kooperative oder Konzern-RZ) bieten die ihren
eigenen Bedarf überschreitenden ADV-Kapazitäten (overselling)
externen Auftraggebern an (Mitbenutzung von ADV-Anlagen). Diese
sind meistens benachbarte bzw. befreundete Unternehmen.
Die weiterverrechneten Preise sind dann von der langfristigen
Unternehmenspolitik des Anbieters abhängig. Bei nur kurz- oder
mittelfristig freien Ressourcen erzielen solche RZ mit Preisen,
die oft nur knapp über den eigenen Grenzkosten liegen, eine bessere Anlagenauslastung. Sind ADV-Kapazitäten für externe Benutzer dagegen langfristig verfügbar, können neue Kunden gewonnen
werden. Diese Praxis ist insbesondere bei amerikanischen Banken
mit angeschlossenen RZ zu beobachten. /7/
Behörden- und Regierungs-RZ, RZ in Entwicklungslabors und aus-
seruniversitären Forschungsinstituten unterliegen von Fall zu

---

1) Kreitzberg, Charles B.; Webb, Jesse H.: An approach to job
   pricing in a multiprogramming environment. In: AFIPS Conference Proceedings 1972, Part I, S. 116.

Fall sehr unterschiedlichen Zielsetzungen. /39/ Aufgrund der individuell verschiedenen Einflußfaktoren ist eine Typisierung und kurze Darstellung der für diese Typen charakteristischen Abrechnungsmerkmale nicht ohne weiteres möglich.
Ebenso werden spezielle ADV-Anlagen (z.B. Prozeßrechner) in den folgenden Ausführungen nicht berücksichtigt, da der Aufstellungsort eines Prozeßrechners keinem RZ im Sinne der Definition unter 2.1 entspricht.

4.4 Anforderungen der Rechenzentren an Abrechnungsverfahren

Die Anforderungen der RZ an ARV lassen sich weitgehend aus der allgemeinen Zielsetzung eines Höchstmasses an Produktivität bei optimaler Ressourcennutzung ableiten. Dabei sind die im folgenden angeführten Anforderungen bei den verschiedenen RZ-Typen graduell von unterschiedlicher Bedeutung. /88/
Bei der Leistungserfassung werden die Leistungen von ADV-Anlagen bzw. einzelner Komponenten gemessen; die so gewonnenen systembezogenen Meßwerte und Auswertungen sind Indikatoren für die Wirtschaftlichkeit und Effizienz der Aufgabenabwicklung. /35/.
Mit dem ARV ist einem RZ dann ein Instrument in die Hand gegeben, mit dem der Prozeß der Leistungserbringung auf der ADV-Anlage in verschiedenster Weise steuernd beeinflußt werden kann.
Zudem bilden die erhaltenen Systemnutzungsinformationen eine gute Grundlage für die Kapazitätsplanung.

4.4.1 Instrument zur Überwachung des Systemverhaltens

" ... a DPC (Anm.: Data Processing Centre) must optimize the use of its resources and increase its productivity as much as possible".[1]
Die für Abrechnungszwecke gewonnenen Leistungsdaten sind zusätzlich verwertbare, wesentliche Basisinformationen zur Überwachung des Systemverhaltens. Sie ergänzen vielfach bzw. ersetzen teilweise die mit Hilfe von Mixen, Kernels und Hardware- und/oder Software-Monitoren erzeugten Leistungskennzahlen.

---

1) Durand, R.: Cost Analysis of Data Processing Centres. In: Economics of Informatics, hrsg. von A. B. Frielink. North Holland 1975, S. 19.

Sie können in der Weise miteinander korreliert werden, daß Engpässe und Reserven einer ADV-Konfiguration erkannt und ggf. entsprechende Modifikationen eingeleitet werden.
Zudem können aus den akkumulierten Informationen Änderungen und Trends in der Nutzung des Gesamtsystems, der Produktivität und auch der Service-Bereitschaft eines RZ abgelesen werden. /25/ Wesentliche Voraussetzung" für eine Überwachung des Systemverhaltens mit dem Ziel der Systemoptimierung über eine möglichst gleichmäßige Ressourcennutzung ist eine genaue Kenntnis der programmspezifischen Betriebsmittelanforderungen sowie der Einfluß der Programme beim Ablauf auf die jeweilige Kapazitätssituation. Zu diesem Zweck werden die Abrechnungsdaten, die signifikante Meßwerte über die Programmstruktur enthalten (z.B. Zentralspeicherbelegung, Anzahl belegter Magnetbandgeräte), entsprechend ausgewertet. Die Daten können dann im Rahmen zusätzlicher Analysen mit Hilfe der eingesetzten Abrechnungsprogramme so aufbereitet werden, daß eine unausgewogene Dimensionierung der ADV-Konfiguration erkannt und mögliche Schwachstellen bei der Aufgabenabwicklung eliminiert werden.

So läßt sich bei einer Laufzeitanalyse - bei der konkrete Angaben über das Ablaufverhalten von Programmen (bspw. CPU-Zeit, Ein-/Ausgabezeit, Wartezeiten) getroffen werden - eine Laufzeitreduzierung durch Austausch leistungshemmender ADV-Komponenten (z.B. Magnetbandgeräte mit zu geringer Schreibdichte) erzielen. Stellt sich dagegen im Rahmen einer Job-Profil-Analyse (auf der Basis der erzeugten Abrechnungsdaten) heraus, daß eine optimale Anlagenbelegung durch ein unausgewogenes Nutzungsprofil verhindert wird, sind entsprechende ausgleichende Maßnahmen notwendig.[1] /71/
Damit dienen die Auswertungen von Leistungsdaten auch der "Erfolgskontrolle von Maßnahmen zur Erhöhung des Programmdurchsatzes".[2]

---

[1] Vgl.   6.1.3 Maßnahmen zum Ausgleich der Beeinflussung des Mehrprogrammbetriebs

[2] Berger, Manfred: Das Verfahren zur Abrechnung von Rechenleistung im Rechenzentrum der Universität Karlsruhe. In: Datascope, Heft 23/77, S. 21.

Zudem können weitere, anlagenbezogene Meßwerte in der Form ausgewertet werden, daß Auslastungslücken aufgedeckt werden (Auslastungsübersichten und Belegungsprofile der gesamten ADV-Anlage bzw. einzelner -Komponenten). Neben solchen "Standardauswertungen" können bedarfsweise weitere Informationen über die Auslastungssituation mit Hilfe von Berichtsgeneratoren erzeugt werden. Programme lassen sich dann so disponieren, daß eine optimale Anlagenauslastung erreicht wird.

Damit verfügt das RZ über ein Kontrollinstrument, daß je nach Bedarf eingesetzt werden kann. Stellt sich bei der Analyse der verdichteten Leistungsdaten heraus, daß die verfügbaren ADV-Kapazitäten von den Benutzern nicht vollständig genutzt werden (z.B. werden nur 5 von 10 vorhandenen Magnetbandeinheiten beansprucht), so wird eine Modifikation des ARV notwendig: die nur z.T. belegten ADV-Komponenten werden in dem Abrechnungsalgorithmus mit höheren Kostensätzen ausgewiesen. Bereits an dieser Stelle wird deutlich, daß ein ARV auch ein Instrument zur Beeinflussung der Benutzerverhaltens darstellt.

4.4.2 Instrument zur Beeinflussung des Benutzerverhaltens

Die wirtschaftlichen Ziele eines RZ implizieren selbst bei einer kostendeckenden Arbeitsweise Strategien, mit denen die Benutzer so beeinflußt werden, daß sie optimalen Gebrauch von den ADV-Ressourcen machen. "Charges can be used to exercise a regulative effect on the use of resources".[1] Steuerungsgrößen sind hierbei die Verrechnungspreise. /25/

Die kybernetische Funktion von ARV ist bereits an anderer Stelle angedeutet worden: in Service-RZ steht mit dem ARV ein Instrument zur Marktsteuerung zur Verfügung, in unternehmensinternen RZ mit einem marktorientierten ARV[2] wird eine unternehmensoptimale Anpassung über die pretiale Lenkung angestrebt.

---

1) Almond, J.C.: Resource Accounting in a Multiprogramming Environment. In: ECODU-16, Proceedings 1973, S. 58.

2) Vgl. hierzu 5.3.2 Abrechnung auf Preisbasis

Bei der Kostenabrechnung kann das Anforderungsprofil eines Programms (bspw. Nutzungsintensität von ADV-Komponenten, Prioritäten, Terminzwang) durch ein geeignetes Preisprofil in der Weise bewertet werden, daß die Benutzer durch hohe (niedrige) Kostensätze von (zu) einer weiteren Anlagennutzung abgeschreckt (angeregt) werden.

Langfristig disponierbare Daueraufträge, Langläufer (das sind Programme, in denen große Datenmengen verarbeitet werden und die lange auf der ADV-Anlage verweilen) und RJE-Jobs[1], die einen geringen Arbeitsvorbereitungsgrad und wenig "operating" erfordern sowie ohne Störeinflüsse jederzeit mit anderen Programmen zusammen zum Ablauf gebracht werden können, werden mit entsprechenden Preisabschlägen verrechnet. Eine Preisdifferenzierung zwischen Verrechnungspreisen im RZ für kurz- und langfristige Aufträge erscheint insbesondere im Hinblick auf eine Kapazitätsplanung als sinnvoll. /89/

Dagegen werden solche Programme, die wegen extensiver Betriebsmittelanforderungen und/oder hoher Ausführungsprioritäten eine optimale Anlagenauslastung verhindern, mit sehr hohen - ggf. nicht linearen - Kostensätzen belastet. /3/

Mit einem gestaffelten Preisgefüge, in dem die Auslastungsschwankungen der ADV-Anlage während der verschiedenen Betriebsschichten (Tag-, Nacht- und Wochenendschichten) kostenmäßig berücksichtigt werden, sollen die Benutzer in auslastungsschwachen Perioden zu einer verstärkten Inanspruchnahme der ADV-Kapazitäten motiviert bzw. bei Auslastungsspitzen demotiviert werden. "Im Idealfall sollen die Benutzer durch die Bewertung der einzelnen Leistungen motiviert werden, Leistungen, die reichlich verfügbar sind oder geringen Zusatzaufwand erfordern, vermehrt zu verlangen und Leistungen, die knapp verfügbar sind und hohen Zusatzaufwand erfordern, sparsam zu verlangen".[2] /115/

---

1) RJE= Remote Job Entry: Programme bzw. Daten werden von einer räumlich vom RZ entfernten Datenstation in die zentrale ADV-Anlage übertragen.

2) Trampedach, Kurt: Entwicklung und Einführung eines konzerneinheitlichen Informations- und Verrechnungspreissystems für Rechenzentren. In: Abrechnung von Rechenzentrums-Dienstleistungen, hrsg. von Mertens, Peter u.a.. München 1978, S. 109.

Die verschiedenen Maßnahmen zur Steuerung der Ressourcennutzung über die Beeinflussung des Benutzerverhaltens orientieren sich jeweils an der spezifischen Kapazitätssituation bzw. Arbeitsweise eines RZ: werden bspw. in einem RZ mit einem "time-sharing-System" soviel zusätzliche Datenstationen angeschlossen, daß bis zur Implementierung einer weiteren bzw. leistungsfähigeren ADV-Anlage das bisherige Aufgabenvolumen nur mit einem geringeren Service-Grad (z.B. längere Antwortzeiten im Dialogbetrieb, schlechtere "turn around-Zeiten" bei Stapelbetrieb) bewältigt werden kann, so muß der Anschluß der leistungsbeeinflussenden Terminals mit entsprechend höheren Kostensätzen bewertet werden, um somit die ursprüngliche Service-Bereitschaft aufrechtzuerhalten. Damit zielt die Beeinflussung des Benutzerverhaltens nicht nur auf eine Optimierung des Systemverhaltens sondern auch auf eine Koordination der unterschiedlichen Anforderungen der RZ-Benutzer ab."....since this could the computing service other customers who balk at the (perhaps temporary) degradation of service they receive."[1]

Bei einem RZ mit beschränkter Plattenperipherie aber ausreichender Magnetbandkapazität sind die Kosten für einen Zugriff auf Speicher mit wahlfreiem Zugriff so hoch festzusetzen, daß die Benutzer motiviert werden, ihre Programme sorgfältig zu überprüfen, "ob sequentielle Verarbeitung möglich ist, um die Magnetbandgeräte stärker einzusetzen und die Platten zu schonen."[2]

Eine andere Möglichkeit der Steuerung durch Motivation zeigt Haller: in dem betrachteten RZ wird tagsüber der Dialogbetrieb mit höchster Priorität und in der Nachtschicht der Stapelbetrieb für Langzeitprogramme gefahren. Benutzer, die gegen diese Nutzungsregelung verstoßen, werden mit überproportional hohen Kostenzuschlägen belastet ("bestraft"). Durch solche Maßnahmen werden Flaschenhälse der ADV-Konfiguration entlastet, Arbeitsspitzen und -täler geglättet und bei den Benutzern ein Kostenbewußtsein entwickelt. /40/

---

1) Selwyn, Lee L.: Computer resource accounting in a time sharing environment. In: AFIPS Conference Proceedings, Vol. 36, S. 120.

2) Mertens, Peter: Systematisches Rechnungswesen für die Datenverarbeitung. In: adl-Nachrichten, Heft 86/74, S.36.

"Obviously the rates established für these services have an immense effect on the feasibility of their use and in directing the user toward intelligent decisions as to application areas, which types of service to use, and from which vendor to obtain these services."[1]

Die Möglichkeit zur Beeinflussung des Benutzerverhaltens wachsen mit der Differenzierungsstufe von ARV: mit einem differenzierten ARV[2] kann das RZ die Ressourcennutzung durch eine Preisbildung für die einzelnen ADV-Komponenten steuern, wobei im Bedarfsfall auch verschiedene Preise für beliebige Benutzer(-gruppen) durch individuell festlegbare Gewichtungen in dem Abrechnungslogarithmus verrechnet werden können. Dabei sollten auch die für bestimmte Benutzer momentan nicht akuten ADV-Komponenten in den Abrechnungsalgorithmus einbezogen werden, da ansonsten die Benutzer auf diese ausweichen könnten.

4.4.3 Instrument zur Kapazitätsplanung

"Managing the installation means organizing the workload and planning the work in the whole installation.... and this means planning and control."[3]
Für die Kapazitäts- und Auslastungsplanung werden die auf maschineller Basis generierten Abrechnungs- und weitere anlagenbezogene Leistungsdaten herangezogen. Damit existiert ohne großen Zusatzaufwand ein Steuerungsinstrument in Gestalt von Durchschnittswerten und Planzahlen über den Hardware- und Personalbedarf, insbesondere über den Einsatz der Hardware für Produktions- und Testarbeiten. Eine langfristige Planung ist allerdings wegen zu großer Unsicherheitsfaktoren - insbesondere auf dem Hardwaresektor - ausgeschlossen.

---

1) Hootman, J. T.: The Pricing Dilemma. In: Datamation, Vol. 15, No. 8 1969, S. 61.

2) Vgl. 6.1.1. (2) Aufteilungsmodus und Differnzierungsgrad.

3) IBM (Hrsg.): Operations Planning and Control-Entry (OPC-Entry) hrsg. von IBM Nordic Labaratory. 1. Aufl., Lidingö (Schweden) 1977, S.1.

Die mit Hilfe dieser Daten gewonnenen Informationen stellen somit eine wesentliche Grundlage für eine Analyse der zukünftigen Effizienz der ADV-Anlage dar. Sie können für die verschiedenen Stelleninhaber im RZ (Operateur, Schichtleiter, RZ-Manager) so aufbereitet werden, daß sie ein unentbehrliches Planungsinstrument oder zumindestens eine wertvolle Planungsorientierungshilfe für die weitere Disposition der ADV-Kapazitäten darstellen: verdichtete Informationen in Form von Auswertungen über die Auslastungsentwicklung (z.B. Auslastungsübersichten) ermöglichen das frühzeitige Erkennen von Engpässen und nicht ausreichenden Reserven bzw. erlauben erste Schätzungen, wann bestimmte Kapazitätsgrenzen einer ADV-Konfiguration. erreicht und Erweiterungsinvestitionen des Maschinenparks erforderlich werden. /65/ Art und Empfänger von Informationen zur Unterstützung einer Kapazitätsplanung veranschaulicht Bild 7.

Wer (Empfänger der Informationen) \ Was (Art der Informationen)	Job-Accounting	Accounting Übersicht	Komponenten-Auslastung	Anlagen-Auslastung	Auslastungs-Entwicklung
RZ-Management		x			x
ADV-Leiter		x	x	x	x
Operateur			x	x	x
Anwendungsprogrammierer	x		x		
Systemprogrammierer			x	x	x
Benutzer	x				

Bild 7 : Auslastungs- und Abrechnungsdaten als Planungsinstrumente für verschiedene Ebenen [1]

---

1) IBM (Hrsg.) : Das Rechenzentrum innerhalb einer Datenverarbeitungsorganisation. Merkblattunterlagen zum gleichnamigen IBM-Lehrgang. München-Essen 1975, Blatt 10.020.

Damit können die Zeitpunkte für zukünftige Investitionen zum Ab-
oder Ausbau der ADV-Kapazitäten (z.B. Wechsel auf schnellere
Zentraleinheit) prognostiziert und frühzeitig strategische Ent-
scheidungen für eine optimale Anlagennutzung getroffen werden.
Das ist für die Abrechnungssituation insofern von großer Bedeutung, da eine unzureichende Kapazitätsplanung von ADV-Anlagen
kostenmäßige Konsequenzen beinhaltet: die geringere Durchsatzrate führt zu wesentlich höheren Kostensätzen; "damit entstehen
sprungfixe Kosten zu einem viel früheren Zeitpunkt, als sie bei
optimaler Planung" anfielen.[1]
Bild 8 zeigt den Einfluß der Kapazitätsplanung auf die Kostensituation.

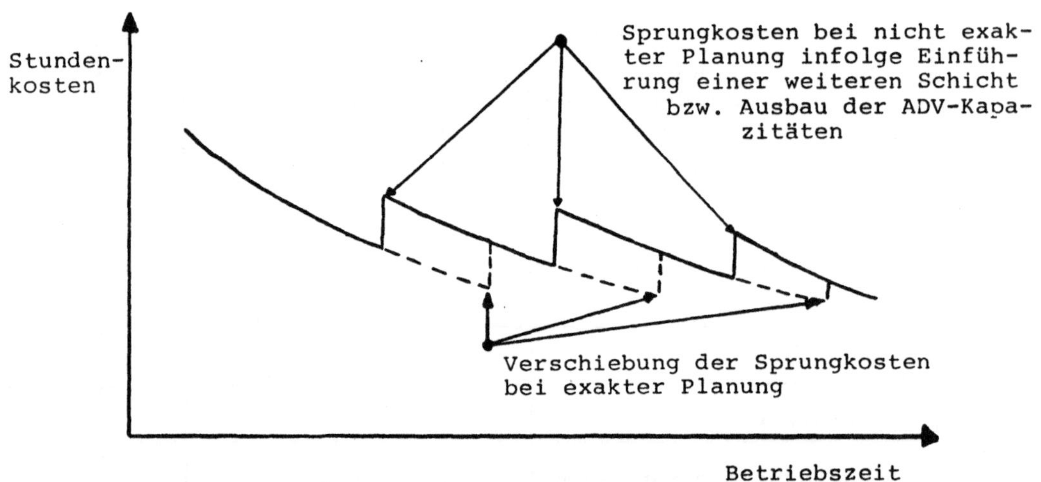

Bild 8 : Einfluß der Planung auf die Kostensituation in RZ [1]

---

1) Christo, A. F.;Licht, R.: Rechenzentrum - Produktionsstätte
   für Informationen. In: adl-nachrichten, Heft 84/74, S.34.

Sofern detaillierte Daten über die Programmstrukturen vorliegen, sind weitere Planwerte für die Steuerung der Anlagenauslastung gegeben. Insbesondere periodisch wiederkehrende Daueraufträge und zeitlich verschiebbare Programme (ohne Terminzwang) erleichtern die Planbarkeit von ADV-Systemleistungen.[1]

An dieser Stelle schließt sich der Kreis: das RZ wird versuchen, die Benutzerbedürfnisse in der Weise zu kanalisieren (durch die o.a. preislichen Anreiz- und Abschreckungsmechanismen), daß - mittelfristig - eine relativ gleichmäßige Anlagenauslastung gewährleistet ist. Durch preisliche Anreize werden die Benutzer motiviert, dem RZ solche Programme zur Abwicklung zu übergeben, die keine Schwierigkeiten bei der Disposition bereiten und langfristig einplanbar sind.[1]
Vorausschätzungen der Auslastungsentwicklung und Planung der ADV-Kapazitäten sind auch im Zusammenhang mit der Preis- und Kostenkalkulation von Bedeutung, da der Festlegung von Kostensätzen Annahmen über die zukünftige Kapazitätssituation zugrunde liegen.[2] /76/

4.4.4 Wirtschaftlichkeit des Abrechnungsverfahrens

Im Zusammenhang mit dem Aspekt der Wirtschaftlichkeit ist nicht nur die mit Hilfe eines ARV erzielbare Verbesserung der Effizienz sondern auch die Wirtschaftlichkeit des ARV selbst von Interesse. Der maschinelle (Systemverwaltung) und personelle Aufwand für das ARV muß als kritische Größe stets im Auge behalten werden. Die Überprüfung der Wirtschaftlichkeit des ARV setzt bereits bei der Implementierung von Softwareprodukten zur Abrechnung von ADV-Systemleistungen an. Bereits in dieser Phase kann die Wirtschaftlichkeit eines ARV sowohl durch die Grundsatzentscheidung für fremderstellte oder selbstgestrickte Abrechnungssoftware als auch durch die Entscheidung für einen bestimmten Hersteller (und damit für eine bestimmte Abrechnungsphi-

---

1) Vgl. 4.4.1 Instrument zur Überwachung des Systemverhaltens
   und 4.4.2 Instrument zur Beeinflussung des Benutzerverhaltens

2) Vgl. 5.2.1. (1) Vorkalkulation

losophie) maßgeblich beeinflußt werden. /77/
"The pricing system should be lead only to a small overhead."[1]
Zur Vermeidung von zusätzlichem Systemoverhead sollte der Verwaltungsaufwand für die jeweils eingesetzte Accounting-Routine minimiert werden, da bei der Erstellung von Datensätzen für Abrechnungszwecke sowie sonstiger Auswertungen zusätzliche CPU-Zeit und Speicherkapazität beansprucht wird. Hiermit kann sogar ein "Performance-Verlust" verbunden sein. /60/

Die Wirtschaftlichkeit des ARV ist allerdings keine absolute Größe; ein relativ hoher Systemoverhead kann nämlich dann gerechtfertigt sein, wenn dadurch transparente Daten über das Systemverhalten generiert werden, mit deren Hilfe Engpässe bzw. Reserven einer ADV-Konfiguration aufgedeckt werden. Damit wird die Aufgabenabwicklung selbst wirtschaftlicher und so die Voraussetzung für eine günstigere Abrechnungssituation geschaffen. Allerdings sollten die Wirtschaftlichkeitseffekte eines ARV nicht überschätzt werden.

4.5 Anforderungen der Benutzer an Abrechnungsverfahren

Während das ARV aus der Sicht eines RZ ein Instrument zur Verbesserung der Leistungsfähigkeit sein kann, fordern die Benutzer einen der erbrachten Leistung adäquaten Abrechnungsmodus. Hierbei müssen die im folgenden angeführten Anforderungen als wesentliche Verrechnungsgrundsätze berücksichtigt werden. Landau spricht in diesem Zusammenhang von "principles of charging." /68/ Da es sich hier um z.T. konträre Anforderungen handelt, müssen gewisse Kompromisse in Kauf genommen werden: "it is obvious, that nearly all principles may be fulfilled only approximately."[1] Im folgenden sollen nur die elementaren Verrechnungsgrundsätze sowie die aus ihnen ableitbaren Konsequenzen für ein ARV aufgezeigt werden.[2]

---

1) Landau, K.: Charging for Computer Usage with Average Cost Pricing. In: Angewandte Informatik, Heft 2/73, S. 48.

2) Inwieweit diese Verrechnungsgrundsätze bei ausgewählten Verrechnungsgrundsätzen i.e. berücksichtigt werden, soll in Kapitel 7 analysiert werden.

4.5.1 <u>Leistungsproportionalität</u>

"The cost of a given job must be a function only of the work that the job does, and of the amount of resources that it uses".[1] Diese Forderung setzt implizit voraus, daß jedem Programm genau die Kosten zuzuordnen sind, die durch seinen Ablauf auf der ADV-Anlage verursacht worden sind (Verursachungsprinzip). Demzufolge müssen Programme mit überdurchschnittlich hohem Bedarf an Betriebsmitteln auch mit höheren Kosten belastet werden. "Die Kosten eines Auftrags sind eine Funktion der benötigten Betriebsmittel: je mehr Betriebsmittel einer bestimmten Art benötigt werden, desto höher sind auch die Kosten."[2]

Die Realisierung eines leistungsproportionalen ARV wird insbesondere bei Mehrprogrammbetrieb problematisch: können einem Benutzer bspw. auch die Kosten für solche Ressourcen angelastet werden, die er zwar selbst nicht beansprucht, die aber durch den Leistungsverzehr seines Auftrags anderen Benutzern versagt bleiben? Diese Frage wird in der Literatur und in der ADV-Praxis unterschiedlich beantwortet. Einerseits wird gefordert, auch die durch ein Programm mit exzessiven Betriebsmittelanforderungen anderweitig nicht mehr verfügbaren Restkapazitäten diesem kostenmäßig anzulasten, andererseits fordert bspw. Landau, daß nur die tatsächlich genutzten Ressourcen auch verrechnet werden sollen. "Every jobstep should be charged only for those resources it is really using".[3]
In jedem Fall erfordert ein leistungsproportionaler Abrechnungsmodus eine differenzierte Leistungserfassung der von den einzelnen Programmen belegten ADV-Komponenten: sofern nicht für alle Betriebsmittel aussagekräftige Abrechnungsdaten verfügbar sind,

---

1) Kreitzberg, Charles B.; Webb, Jesse H.: An approach to job pricing in a multiprogramming environment. In: AFIPS Conference Proceedings 1972, Part I, S. 116.

2) Stetter, F.: Ein Verfahren zur Abrechnung bei Multiprogramming. In: Angewandte Informatik, Heft 4/76, S. 150.

3) Landau, K.: Charging for Computer Usage with Average Cost Pricing. In: Angewandte Informatik, Heft 2/73, S. 48.

sollte trotz der dann erforderlichen Einschränkung auf wenige Leistungsarten (z.B. CPU-Zeit, Zentralspeicherbelegung, Anzahl Dateizugriffe) das jeweilige Nutzungsprofil der einzelnen Programme hinreichend genau repräsentiert sein. /126/
Damit wird zumindestens annähernd das Postulat der Leistungsproportionalität erfüllt.
Auch wenn einige Autoren hier von einem nahezu nicht bzw. nicht gerecht zu lösendem Problem sprechen, so sind inzwischen durch komfortable Betriebssysteme und komplexe Abrechnungsprogrammpakete relativ zufriedenstellende Näherungswerte erzielbar. An dieser Stelle sei insbesondere auf die Arbeit von Hansen und Röhrs verwiesen, die auch unter diesem Aspekt die Leistungsfähigkeit von Abrechnungssystemen in verschiedenen Großrechnerbetriebsystemen analysieren. /41/

4.5.2 Transparenz

"The pricing system should be clear to all users".[1]
Ein transparentes ARV setzt einen leicht verständlichen Abrechnungsalgorithmus und überschaubare Abrechnungsdaten voraus.
Nicht alle Benutzer können mit den verschiedenen Kostensätzen auf der Basis von Leistungskennzahlen (z.B. 60 CPU-Sekunden oder 100 Plattenzugriffe kosten x DM) etwas anfangen. Ein derartiger Abrechnungsmodus ergibt sich aber zwangsläufig wegen der für ein leistungsproportionales ARV notwendigen Differenzierung nach verschiedenen ADV-Komponenten. Bereits hier wird die Gegenläufigkeit der Verrechnungsgrundsätze offensichtlich. /99/

In RZ, die primär Aufgaben mit einem konstanten Zeit- und Mengengerüst abwickeln, ist daher auch die Abrechnung über benutzerspezifische Abrechnungsparameter vorherrschend. Abrechnungsbasis ist eine Job-Charakteristik mit ein- und/oder ausgabeorientierten Mengen (z.B. Anzahl der eingelesenen Kundensätze, Anzahl ausgedruckter Buchungszeilen oder Rechnungen). Zur Erhöhung der Transparenz werden in einigen RZ die Programme nach Lei-

---

1) Landau, K.: Charging for Computer Usage with Average Cost Pricing. In: Angewandte Informatik, Heft 2/73, S. S. 48.

stungsarten und den verschiedenen Arbeitsgebieten (z.B. Finanz-
buchhaltung, Kostenrechnung, Lohn- und Gehaltsabrechnung) differenziert. /46 109/

Damit zeichnet sich das ARV für die Benutzer durch eine gewisse
Einfachheit aus. Im RZ selbst wird dagegen eine Leistungsanaly-
se erforderlich, bei der die Verrechnungssätze für die benutzerspezifischen Abrechnungsparameter auf die tatsächliche Inanspruchnahme der einzelnen Betriebsmittel zurückgeführt werden.

Sofern sich das ARV an dem Leistungsverzehr der verschiedenen
ADV-Komponenten orientiert, sollten die herangezogenen Meßwerte
der Leistungen in Art und Anzahl der Forderung nach einem transparenten ARV genügen können.

Ebenso sollte auch die Transparenz von Angeboten verschiedener
RZ für identische Dienstleistungen gewährleistet sein. Überbetriebliche Leistungsvergleiche sind allerdings sehr schwierig,
da "die Preisforderungen konkurrierender Rechenzentren (selbst)
für einen bestimmten, deutlich abgegrenzten Leistungskomplex"
auf uneinheitlichen Berechnungsgrundlagen basieren.[1]

4.5.3 Präzision

"It (Anm.: das ARV) should be complete, at least in the sense
that no significant resources of the computer should be left
out of the formula".[2]

Zumindestens sollen solche ADV-Komponenten berücksichtigt werden, die den Durchsatz einer ADV-Anlage bestimmen oder vom Benutzer beeinflußt werden können. Poensgen weist allerdings darauf hin, daß die konkrete Anzahl differenzierter Verrechnungspreise letztlich von den Bedürfnissen und der "sophistication"
des Anwenders abhängt. /89/

Die Ansprüche an ein genaues und vollständiges ARV werden zudem
oft durch eine mangelhafte Datenbasis limitiert, da nicht alle
wünschenswerten Daten geliefert werden können. Zudem ist abzu-

---

1) Hellfors, Sven: Zusammenarbeit mit Service Rechenzentren. 2.
   Aufl., Freiburg 1971, S. 43.

2) Symons, C. R.: A cost accounting formula for multiprogramming
   computers. In: Computer Journal, Vol. 14, No.1, 1971, S. 13.

wägen, ob nicht die Hereinnahme zuvieler Abrechnungsdaten dem o.a. Verrechnungsgrundsatz der Transparenz zuwiderläuft. /77/

Dem Verrechnungsgrundsatz der Präzision wird auch nur dann entsprochen, wenn die verschiedenen Leistungserfassungssysteme und die hiermit generierten Abrechnungsdaten denselben Genauigkeitsgrad aufweisen: wenn einerseits die Kosten für einen Datenzugriff auf periphere Speicher genau erfaßt und jedem Programm eindeutig zugeordnet werden können, müssen andererseits auch die Leistungen der anderen ADV-Komponenten exakt abgerechnet werden. /34/

Zusätzliche Schwierigkeiten entstehen dann, wenn Programme aufgrund eines unausgewogenen Anforderungsprofils eine optimale Ressourcennutzung verhindern und entsprechende Ausgleichsmaßnahmen notwendig werden: Bewertungsverfahren sowie bedarfsweise einsetzbare Zuschlagsmultiplikatoren oder Prioritätsfaktoren beinhalten zwangsläufig ein Quantum Willkür und relativieren somit den Genauigkeitsgrad eines ARV.[1]

4.5.4 Reproduzierbarkeit

"The formula shoud give costs which are reproducible within certain limits, i.e. the cost of a job should not depend on the particular mix of other jobs with which it is momentarily competing for resources".[2] Die Toleranzgrenzen sollten $\pm$ 5% nicht überschreiten. Wiorkowski fordert sogar eine maximale Toleranzspanne von $\pm$ 1%. /122/

Reproduzierbare Kosten für gleiche Aufgaben bedingen eine zeitliche Konsistenz des ARV: die Kosten sollen von der eingesetzten ADV-Anlage und dem jeweils ablaufenden Programmbündel unabhängig sein und die Abrechnungsmodalitäten konstant bleiben. /110/ "A given jobstep, running at a defined machine with a defined operating system, should always lead to the same price indepen-

---

1) Vgl. hierzu 6.1.3 Maßnahmen zum Ausgleich der Beeinflussung des Mehrprogrammbetriebs.

2) Symons, C. R.: A cost accounting formula for multiprogramming computers. In: Cmoputer Journal, Vol. 14, No.1, 1971, S. 13.

dent of the environment in which it is running".[1]
Die Forderung nach reproduzierbaren Kosten beruht auch auf dem
Bedürfnis der Benutzer, sich auf einen bestimmten Preis einstel-
len und mit diesem kalkulieren zu können. /106/
Da die Reproduzierbarkeit logische Meßgrößen verlangt, treten
bei der Leistungserfassung neben den grundsätzlichen auch anla-
genspezifische Probleme auf, die u.a. in der Architektur von
Hardware- und Softwarekomponenten begründet sind. Diese Meßgrös-
sen müssen daher von den spezifischen (Leistungs-) Eigenschaften einer ADV-Konfiguration gelöst und auf eine einheitliche
logische Stufe (z.B. Arbeitseinheiten) gestellt werden.[2] /110/

Zudem ist die Reproduzierbarkeit des ARV implizit eine Funktion
der Reproduzierbarkeit der verwendeten Abrechnungsgrößen: demzufolge wird der höchste Reproduzierbarkeitsgrad mit einem stück-
zahlorientierten ARV erzielt. Bei einem betriebsmittelorientierten ARV müssen dagegen möglichst viele Leistungsdaten erfaßt
und abgerechnet werden. Außerdem sind die zur Abrechnung herangezogenen Leistungsdaten mit entsprechenden Faktoren richtig zu
gewichten. Auch hier liegt das zentrale Problem vielfach in einer mangelhaften Datenbasis, da die bei einem bestimmten Ablauf
ausgewiesenen Leistungsdaten selbst nicht oder nur eingeschränkt
reproduzierbar sind, da sie auch von den Betriebssystemzustän-
den und/oder der Auslastungssituation einer ADV-Anlage abhängig
sind. Bspw. ist bekannt, daß die mit der Accounting-Routine SMF
von IBM registrierten Daten nur sehr eingeschränkt reproduzierbar sind. Unterschiedliche Reproduzierbarkeitsgrade für Abrechnungssysteme verschiedener Großrechnerbetriebssysteme haben auch
Hansen und Röhrs in einem Vergleich nachweisen können. /41/
Die Abhängigkeit der Reproduzierbarkeit von der Anzahl der einbezogenen Abrechnungskomponenten veranschaulicht Bild 9 auf
der nächsten Seite.

---

1) Landau, K.: Charging for Computer Usage with Average Cost
   Pricing. In: Angewandte Informatik, Heft2/73, S. 48.

2) Vgl. hierzu 6.1.2 Bildung einheitlicher Leistungsmaßstäbe

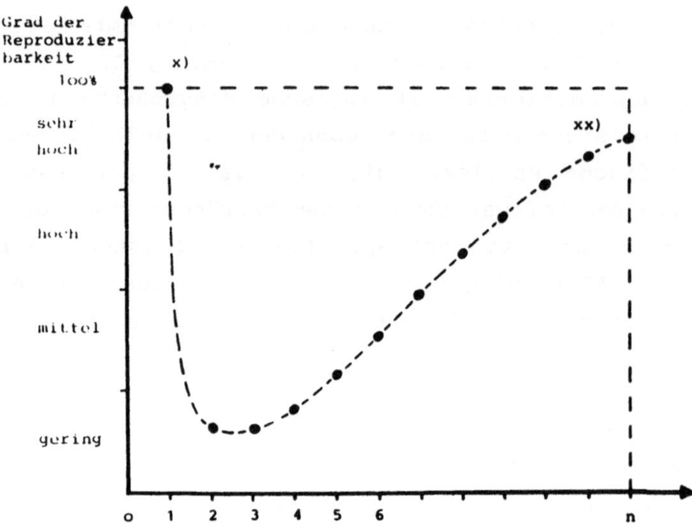

n = Anzahl der einbezogenen Abrechnungskomponenten
x) gilt nur für den Fall, daß n=1 mit einer stückzahlorientier-
    ten Abrechnung identisch ist.
xx) Verlauf ist vom Differenzierungsgrad abhängig

Bild 9: Reproduzierbarkeitskurve

Aufgrund der uneinheitlichen Parameter von Abrechnungsroutinen
verschiedener Betriebssysteme ist eine Reproduzierbarkeit bei
Programmabwicklung auf unterschiedlichen ADV-Anlagen erst recht
nicht gewährleistet. /10/.

An einigen Stellen ist bereits die Gegenläufigkeit bestimmter
Verechnungsgrundsätze skizziert worden. In Bild 10 (nächste Seite) sollen die abrechnungstechnischen Konsequenzen abgeleitet
werden, die sich aus den konkurrierenden Anforderungen von Benutzern und RZ an das ARV ergeben.
Bild 11 auf Seite 66 und 67 gibt eine zusammenfassende Übersicht
von RZ-Typen und den auf Wirtschaftlichkeitszielen aufbauenden
Grundlagen für ARV.

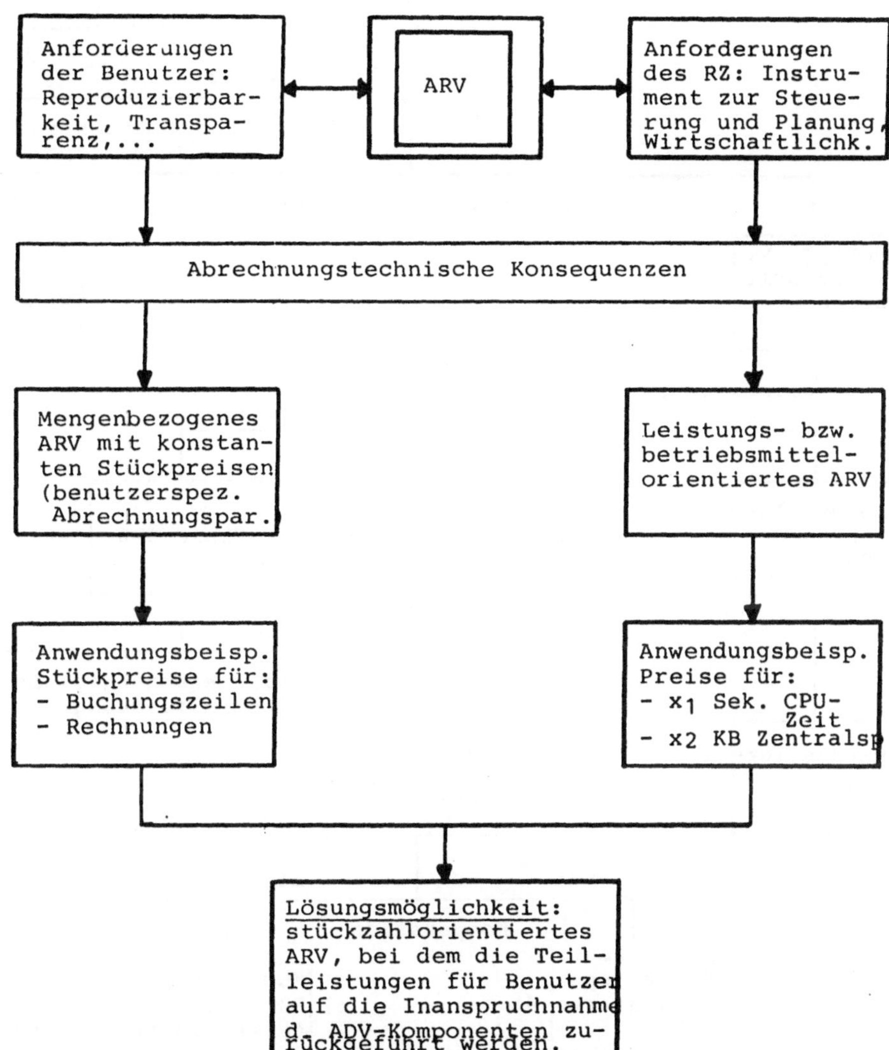

Bild 10 : Grobe Darstellung der konkurrierenden Anforderungen
von Benutzern und RZ an ARV und der hieraus resultierenden abrechnungstechnischen Konsequenzen

Bild 11 : Klassifizierung ausgewählter RZ-Typen
          mit Skizzierung ihrer Kostensituation
          (vgl. hierzu /27/)

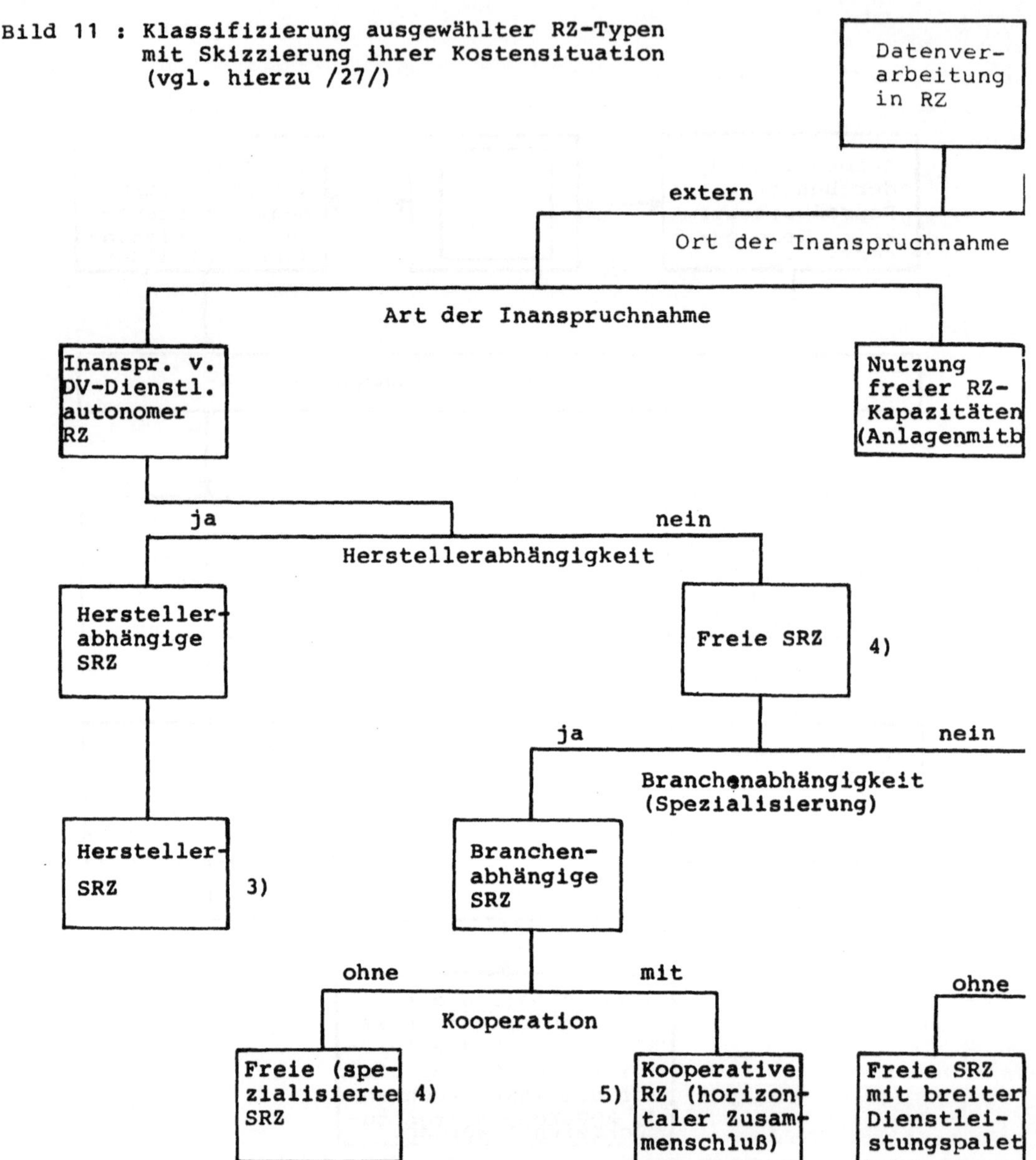

(ohne Hochschul-, Behörden-RZ u.ä.)

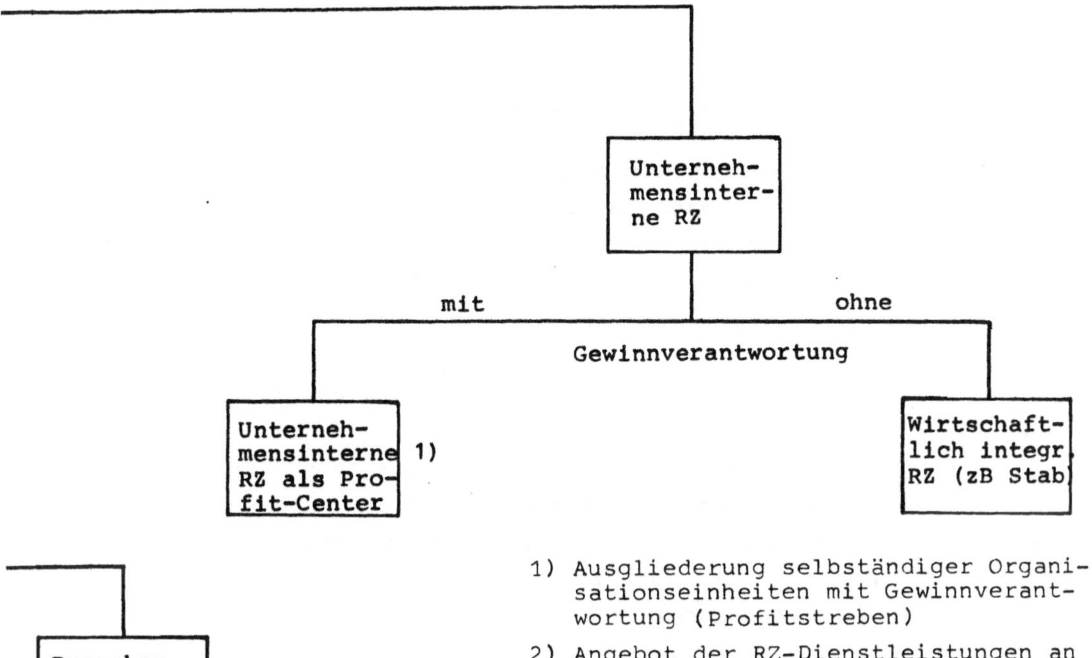

1) Ausgliederung selbständiger Organisationseinheiten mit Gewinnverantwortung (Profitstreben)

2) Angebot der RZ-Dienstleistungen an
Fachabteilungen auf kostendeckender
Basis (bei Verrechnung von "Marktpreisen" wird ARV zu einem pretialen Lenkungsinstrument im Unternehmen)

3) Wirtschaftlich und organisatorisch
integrierte RZ. Primäre Zielsetzung
Erhöhung des Marktanteils des "Hersteller-Unternehmens" mittels Reprä
sentanz- und Werbeaufgaben

4) Wirtschaftlich und rechtlich selbständige Wirtschaftseinheiten. Die
ökonomischen Ziele sind identisch
mit denen anderer auf Erwerbsbasis
arbeitenden Unternehmen. (Gewinn-
und Umsatzmax. sowie Kostenminimierung)

5) Interessengemeinschaft. Die organisatorische Stellung entspricht der
eines Profit-Centers, ein Profitstr
ben existiert aber i.a. nicht. Ziel
kostendeckende Arbeitsweise.

5 Verrechnungspolitik

Unter Verrechnungspolitik sollen Abrechnungsstrategien und Abrechnungsmodalitäten verstanden werden. Entsprechend den verschiedenen Zielen und Funktionen von RZ werden die Kosten auf verschiedene Weise strukturiert, kalkuliert, abgerechnet und verbucht.

5.1 Kostenstruktur von Rechenzentren

Zur Strukturierung der Kosten sind mehrere Ansätze möglich:"...the reasons and the objectives of a cost analysis vary according to the type of centre".[1]
Bottler u.a. differenzieren die durch ADV entstandenen Kosten nach verschiedenen Aspekten der Verursachung:

(1) sachliche Verursachung (Personal-, Maschinen- und Sachkosten)

(2) Häufigkeit der Verursachung (Vorbereitungs- und Umstellungskosten sowie laufende Kosten)

(3) Verursachung durch die Komponenten des Anwendungssystems (Hard- und Software bestimmte und die durch das jeweilige Anwendungsgebiet determinierte Kosten) /9/

Niederberger differenziert lediglich zwischen den beiden Kostengruppen Soft- und Hardware. /79/
Ortner unterscheidet dagegen nach den Kriterien:
(1) Zeitpunkt des Kostenanfalls
(2) Beeinflußbarkeit durch Investitionsleistende /85/
Trotz einiger Mängel der klassischen Differenzierung nach fixen und variablen Kosten - bei langfristiger Perspektive sind alle Kostenarten variabel, nur kurzfristig sind die Kosten der Kapazität fix, bei einer "gemischten" Installation (d.h., einige ADV-Komponenten sind gekauft, andere gemietet) ist eine eindeutige Kostenzuordnung nicht möglich - erscheint diese Kostenstrukturierung für ein RZ im Hinblick auf eine konsistente Abrech-

---

1) Durand, R.: Cost Analysis of Data Processing Centres. In: Economics of Informatics, hrsg. von A. B. Frielink. North Holland 1975, S. 18.

nungsbasis am ehesten geeignet; damit ist von der Kostenseite
ein Gerüst für ein Kostenverteilungsschema definiert. /69/
Auf die in der klassischen Kostenrechnung übliche Aufspaltung
in eine Kostenstellen- und Kostenträgerrechnung soll hier verzichtet werden, vgl. hierzu aber /65/

5.1.1 Kostenarten

Im folgenden sollen kurz die wesentlichen Kostenkomponenten der
fixen, variablen und sprungfixen Kosten aufgezeigt werden.

(1) Fixe Kosten

Dieser Kostenblock fällt auch dann an, wenn das RZ keine Lei-
stungen erbringt: er entsteht regelmäßig und unabhängig von der
Arbeitslast einer ADV-Anlage.
Hierbei handelt es sich hauptsächlich um kalkulatorische Kosten
(Mieten bzw. Abschreibungen für die Anlagen) sowie um Raum-,
Energie- und Klimatisierungskosten. /35/
Die größte Kostenkomponente stellen die ständig steigenden Per-
sonalkosten dar (vgl. hierzu u.a. Bild 12 /82/).

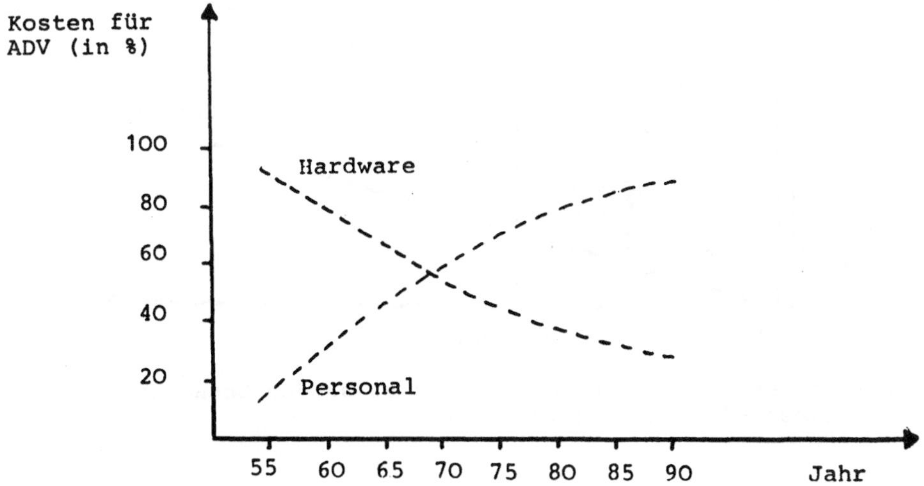

Bild 12 : Kostenentwicklung für Hardware und ADV-Personal [1]
(nach einer Studie von Diebold)

---

1) Obelode, G.: Datenverarbeitung in der Industrie. In: Angewandte
   Informatik, Heft 1/75, S. 2.

(2) <u>Variable Kosten</u>

Diese Kostenkomponente enthält "genau diejenigen Anteile, die direkt abhängig von der in Anspruch genommenen Dienstleistung sind".[1] Die wesentlichen Kostenfaktoren sind Belege, Datenträger, Formulare und zusätzlich erforderliches Material (Druckerpapier und Drucktücher). Allerdings sind die variablen Kosten im Vergleich zu den anfänglichen Installationskosten relativ gering. "The variable costs are very small in relation to the initial costs".[2]

Von der jeweiligen Anlagenauslastung sind auch abhängig: Klima-, Energie-, Reparatur- und Wartungskosten, Überstundenmiete, -gehälter bei zusätzlichen Betriebsschichten.

Den Anteil dieser proportionalen Kosten an den Gesamtkosten demonstriert folgendes Bild.

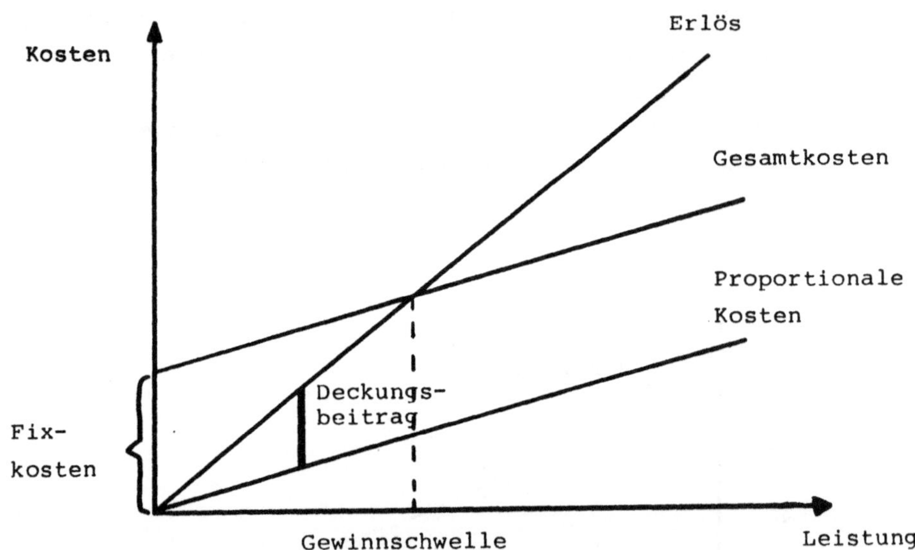

Bild 13 : Der Anteil proportionaler Kosten an den Gesamtkosten eines RZ (vgl. hierzu /53/)

---

1) Graef, Martin: Abrechnung der Dienstleistungen eines Rechenzentrums. In: Betriebswirtschaftsmagazin, Nr.9, 1972, S.446.

2) Landau, K.: Charging of Computer Usage with Average Cost Pricing. In: Angewandte Informatik, Heft 2/73, S. 47.

(3) <u>Sprungfixe Kosten</u>

Wenn Kapazitätsspitzen einer ADV-Anlage nicht innerhalb der festgesetzten Betriebsschichten (z.B. Zweischichtbetrieb) geglättet werden können, ist entweder eine weitere Schicht oder ein Ausbau der ADV-Konfiguration notwendig. Die hierbei zusätzlich anfallenden Kosten (z.B. Mehrschichtmiete, Erweiterungskosten) sind die sprungfixen Kosten. Wie bei einer sorgfältigen Kapazitätsplanung der Anfall dieser Kostenkomponente mehr oder weniger hinausgezögert werden kann, ist bereits mit der Bild 8 auf Seite 56 demonstriert worden.

5.1.2 <u>Ermittlung von Deckungsbeiträgen</u>

Auf der Basis der o.a. Kostenstruktur kann ein RZ die Kosten für eine Leistungseinheit (z.B. Betriebsstunde der Anlage) ermitteln und einen Preis festsetzen. Bei Anwendung der Vollkostenrechnung, bei der alle angefallenen Kosten auf die einzelnen Kostenträger verteilt werden, wird der Fixkostenblock auf die geplanten Leistungseinheiten aufgeteilt. Auf Grund der zwangsweisen Verrechnung des vollen Fixkostensatzes werden u.U. Aufgaben wegen einer zu hohen Fixkostenbelastung abgelehnt. Da ausserdem die für die Leistungeinheiten "verrechneten Fixkosten in ihrer Höhe von der geplanten Auslastung abhängen",[1] entstehen durch "Beschäftigungsabweichungen Über- bzw. Unterdeckungen des Fixkostenblocks". Daher muß der Fixkostenblock von allen Leistungsempfängern gemeinsam abgetragen werden. "Der minimale Preis für eine Leistungseinheit ist dann der, der gerade die proportionalen Kosten übersteigt und mit diesem Überschuß einen Deckungsbeitrag für den Fixkostenblock liefert. Ein Gewinn wird erst nach vollständiger Abdeckung der Fixkosten ausgewiesen". Diesen Sachverhalt veranschaulicht Bild 14 auf der nächsten Seite. Dabei sollten die Deckungsbeiträge bei den einzelnen Aufgaben so angesetzt werden, daß sie zumindestens für die hierdurch selbst "verursachten Fixkostensprünge aufkommen (z.B.

---

1) IBM (Hrsg.): Das Rechenzentrum innerhalb einer Datenverarbeitungsorganisation. Merkblattunterlagen zum gleichnamigen IBM Lehrgang. München-Essen 1975, Seite 10.240f.
Die weiteren Zitate entstammen dieser Arbeit.

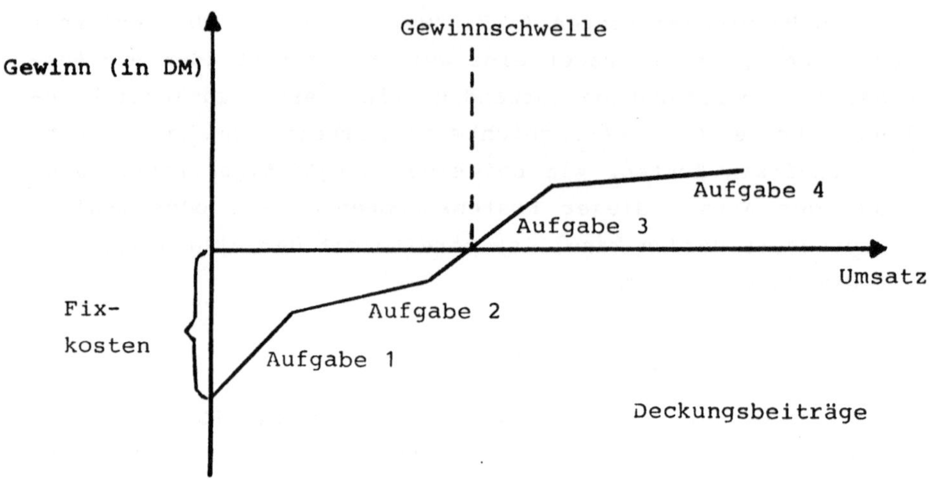

Bild 14 : Die Bedeutung der Vollkostenrechnung für die Gewinn-
situation eines RZ [1]

Terminalkosten)".

Das kostentheoretische Modell der Vollkostenrechnung hat allerdings einen wesentlichen Nachteil: vielfach verdeckt es unaus-
gelastete Kapazitäten. Da Vollkosten auch nicht genügend leistungsproportional sind und bei wechselnder Auslastung Preisschwankungen verursachen, wird in der Praxis oft die Teilkosten-
rechnung vorgezogen. Hierbei werden nur die variablen Kosten
auf die Kostenträger verteilt. Der Fixkostenblock wird von der
Verteilung ausgeschlossen. /115 122/

Die Abhängigkeit der Kosten und Preise vom Auslastungsgrad einer
ADV-Anlage ist auch im Zusammenhang mit der Kosten- und Preiskalkulation von Bedeutung.

---

1) IBM (Hrsg.) : Das Rechenzentrum innerhalb einer Datenverarbeitungsorganisation. Merkblattunterlagen zum gleichnamigen
IBM-Lehrgang. München-Essen 1975, Seite 10.240f..

5.2 Kosten- und Preiskalkulation

In die Kosten- und Preiskalkulation von RZ sollen die funktionalen Zusammenhänge zwischen Kosten und ihren Bestimmungsfaktoren einfließen. /89/ Dabei werden bei der Kalkulation für einen fest umrissenen Abrechnungszeitraum Kostensätze veranschlagt bzw. Preise festgesetzt. Damit wird die Kalkulation neben der Erfassung der Abrechnungsdaten zur entscheidenden Grundlage eines ARV. Allerdings sind die Voraussetzungen für eine Kalkulation (bspw. Periodizität des Aufgabenanfalls) bei den einzelnen RZ-Typen nicht identisch. Dementsprechend gibt es auch verschiedene Kalkulationsarten. Diese unterscheiden sich im wesentlichen darin, ob mehr das planerische Kalkül (Vorkalkulation) oder mehr das korrektive Element (Nachkalkulation) überwiegt.

5.2.1 Vorkalkulation

Bei der Vorkalkulation werden die erwarteten Plankosten mit Planwerten des geschätzten Aufgabenvolumens für einen abgegrenzten Abrechnungszeitraum ermittelt. Die auf diese Weise ermittelten Kostensätze führen zu Verechnungspreisen, die im Hinblick auf die Kapazitätsauslastung und die jährlichen Kosten Planungshypothesen darstellen. /10 89/

Als Grundlage bzw. Orientierungshilfe dienen entweder Durchschnittswerte vorangegangener Abrechnungsperioden oder kalkulatorische Kosten und Planauslastung (z.B. durchschnittliche Belastung der Zentraleinheit, Auslastungsquotient für Zentralspeicher und Peripherie. Dagegen sind kumulierte Vergangenheitswerte meistens nur eingeschränkt aussagefähig. /111/

Wenn die geplanten Leistungen zu den geplanten Kostensätzen realisiert werden sollen, ist eine sehr sorgfältige Schätzung der Planwerte notwendig: anderenfalls beeinflussen Abweichungen von Plan- und Istkosten bzw. von Plan- und Istleistungen - sofern sie eine zuvor festgesetzte Toleranzgrenze überschreiten - die Arbeitsweise in einem RZ in verschiedenster Weise. In einem RZ, das eine Kostendeckung anstrebt, ist eine Aufgabenvermehrung (Aufgabenverminderung) meistens identisch mit einer Kostenüberdeckung (Kostenunterdeckung). /46/

Dann wird eine Kalkulation auch in dem Maße falsch, "in dem die tatsächlichen Werte von den Planungswerten abweichen".[1]

An dieser Stelle wird die einer Vorkalkulation inhärente Problematik offensichtlich: einerseits ist sie aufgrund der Forderung der Benutzer nach - auch langfristig - konstanten Verrechnungspreisen unabdingbare Voraussetzung für ein ARV, andererseits ist sie wegen ihres Prognosecharakters eine große Schwachstelle der gesamten ADV-Leistungsverrechnung. Dabei nimmt die Schwierigkeit einer genauen Vorkalkulation mit der Dauer einer Abrechnungsperiode ständig zu, da der zukünftige Bedarf an ADV-Systemleistungen mit wachsendem Planungshorizont immer schlechter prognostiziert werden kann.
Insbesondere langfristige Planungszeiträume sind mit sehr grossen Unsicherheitsfaktoren behaftet. Daher empfiehlt es sich, alle Kosten- und Verrechnungssätze permanent mit Hilfe von Abweichungsanalysen zu überwachen. /109/

Am Ende einer Abrechnungsperiode werden die Kalkulationsansätze überprüft, ggf. korrigiert und neu festgesetzt. Dies resultiert schon allein daraus, daß zu Beginn einer neuen Planungsperiode das Kostenverteilungsschema - aufgrund verschobener Kostenrelationen - als auch die Abnahmemengen neu disponiert werden. Neue Kalkulationsansätze werden allerdings nur bei größeren Abweichungen erforderlich.

5.2.2 Nachkalkulation
Die Nachkalkulation ist eine reine Kostenverteilungsrechnung: die tatsächlich verursachten Istkosten werden in Relation zu der Leistungsmenge einer vorangegangenen Abrechnungsperiode gesetzt. Auf diese Weise wird eine ständige Anpassung der Planmengen und der -kosten an die Istwerte realisiert. /38 65/

---

1) Schrader, H.-J.: Die Abrechnung von DV-Dienstleistungen beim Großversandhaus Quelle - Erfahrungen mit verschiedenen Versionen und jetziger Stand. In: Abrechnung von Rechenzentrums-Dienstleistungen, hrsg. von Mertens, Peter u.a.. München 1978, S. 68.

Die Nachkalkulation eignet sich damit intern zur Überprüfung der
Kalkulationsansätze; sie sollte aber nicht als "ex-post-Rechnung"
zur Ermittlung von Kosten- und Verrechnungssätzen für die Benutzer angewendet werden, da die Auslastungssituation des vorangegangenen Abrechnungszeitraums die Preisbildung bestimmt.

Da die Kosten- und Verrechnungssätze in Abhängigkeit von der Anlagenauslastung jeweils neu festgesetzt werden, wird dem RZ die
Kostenabrechnung sehr einfach gemacht; zudem fehlt damit auch
der Anreiz zu einer wirtschaftlichen Nutzung der ADV-Anlage.
Mitunter (insbesondere in unternehmensinternen RZ) wird eine "ge-
mischte" Kalkulation durchgeführt: nach der Vorkalkulation ent-
stehende Differenzen zwischen Ist- und Plankosten, die sich in
Form von Verrechnungsgewinnen (z.B. bei Kostenüberdeckung) bzw.
-verlusten (z.B. bei Kostenunterdeckung) konkretisieren, werden
im Rahmen einer Nachkalkulation als Rückvergütungen bzw. Nachbelastungen an die Benutzer weitergegeben (rückwirkende Egali-
sierung). "If the price level that results is not what was de-
sired, some adjustments will be necessary".[1] /75/
Durch eine solche "Mischkalkulation" - Vorkalkulation und Korrektur durch Nachkalkulation - wird das Planungsrisiko eliminiert. /109/
Wegen der Forderung der Benutzer nach im Zeitablauf konstanten
Preisen ist eine Nachkalkulation bzw. "Mischkalkulation" in den
meisten RZ-Typen nicht praktikabel (insbesondere nicht in marktorientierten Service-RZ): aber auch in unternehmensinternen RZ
wird in zunehmendem Maße zur Vorkalkulation übergegangen. /34/

---

1) Smidt, Seymour: The use of hard and soft money budgets, and
   prices to limit demand for centralized computer facility. In:
   FJCC 1968, AFIPS, Part I, S. 500.

5.3 Kosten- und preisorientierte Abrechnungsalternativen

In Kapitel 4 ist bereits herausgearbeitet worden, daß die Art
der Abrechnung von ADV-Systemleistungen in maßgeblicher Weise
von umfeldspezifischen Einflußgrößen (wie Wirtschaftlichkeitsziele und Funktionen von RZ) abhängt. Weitere Bestimmungsfaktoren resultieren aus Quantität und Qualität der aufgezeichneten
Abrechnungsdaten und damit dem mit einem ARV investierten Verwaltungsaufwand. Wie der intern erfaßte Leistungsverzehr dann an
die Benutzer weiterverrechnet wird, hängt aber auch davon ab, ob
die Abrechnung auf Kostenbasis oder auf Preisbasis erfolgt.

5.3.1 Abrechnung auf Kostenbasis

Grundsätzlich sind hier zwei verschiedene Verfahren möglich:
    (1) Umlageverfahren
    (2) Anteilige Kostenabrechnung

(1) Umlageverfahren

"When a facility is used widely and the cost of its services is
difficult to impute to individual users, the facility is fre-
quently called an "overhead expense" and its cost is then allocated to users on a arbitrary basis".[1]
Auch wenn Umlageverfahren, bei denen ex definitione jedes Erfassen und Bewerten von Abrechnungsdaten entfällt, eigentlich nicht
als ARV (im bisherigen Sinne) verstanden werden können, soll dieser Verfahrensmodus kurz dargestellt werden.
Bei der Abrechnung über Kostenumlagen - insbesondere mit lei-
stungsunabhängigen Verteilerschlüsseln (z.B.· Umsatz-, Gemein-
kostenanteil oder Kopfzahl der Leistungsempfänger) - werden alle Aufgaben ohne Rücksicht auf die tatsächlich in Anspruch genommenen Betriebsmittel gleich bewertet. Zudem sind die den Benutzern per Umlage angelasteten Kosten auch vom Verhalten aller
anderen Benutzer abhängig:/35 75/ Mertens demonstriert diese

---

1) Singer, Neil M.; Kanter, Herschel; Moore, Arnold: Prices and
   the allocation of computer time. In: FJCC 1968, AFIPS, Part
   I, S. 496.

Abhängigkeit an einem Beispiel: die rückläufige Kapazitätsauslastung eines unternehmensinternen RZ führte (wegen der Abwan-
derung der Benutzer zum benachbarten RZ der Tochtergesellschaft)
bei dem hier praktizierten Umlageverfahren zu höheren Verrech-
nungsbelastungen für die verbleibenden Benutzer.
Damit ist dieser Verfahrensmodus aber keine wirkliche Alternative zu einer beanspruchungsabhängigen Kostenverteilung und wi-
derstrebt demzufolge auch den Anforderungen der Benutzer an ein
leistungsorientiertes ARV: "... the customers of a centre, ...
want to share in the expenses for an amount corresponding to
their consumption alone, and only to the extent of their own
requirements".[1]

Umlageverfahren sind abrechnungstechnisch sehr einfach und erfordern einen minimalen Verwaltungsaufwand. Zudem kann das RZ
dann auf eine Kalkulation der Kosten- und Verrechnungssätze ver-
zichten. Damit fehlt aber auch das einem beanspruchungsabhängigen ARV inhärente kybernetische Moment[2]: "... overhead charges
can offer the proper incentives to neither the user of the computer nor the administration concerned with supplying computer
time".[3]
Außerdem ist eine beanspruchungsunabhängige Kostenabrechnung für
die Benutzer nicht überprüfbar.

Dieser Abrechnungsmodus von ADV-Systemleistungen ist - wenn überhaupt - dann ausschließlich in RZ mit einem kleinen Benutzerkreis
und homogenen Aufgabenprofil anzuwenden; diese sind i.a. unternehmensinterne RZ. Bei schwankenden Eigenschaften des Programm- und
Datengerüsts und/oder in RZ mit unterschiedlichen ADV-Anlagen
sind Umlageverfahren nicht vernünftig einsetzbar. /35/

---

1) Durand, R.: Cost Analysis of Data Processing Centres. In:
   Economics of Informatics, hrsg. von A. B. Frielink. North
   Holland 1975, S. 18.

2) Vgl. 4.4.1 Instrument zur Überwachung des Systemverhaltens

3) Singer, Neil M.; Kanter, Herschel; Moore, Arnold: Prices and
   the allocation of computer time. In: FJCC 1968, AFIPS, Part
   I, S. 496.

(2) <u>Anteilige Kostenabrechnung</u>

Im Gegensatz zu Umlageverfahren mit beanspruchungsunabhängigen
Verteilerschlüsseln ist bei der anteiligen Kostenabrechnung ein
Leistungsbezug gegeben. Wie stark dieser Leistungsbezug im ein-
zelnen Fall ausgeprägt ist, hängt im wesentlichen von Art und
Anzahl der verwendeten Abrechnungsgrößen ab.

Sofern die anteilige Kostenabrechnung auf den für die einzelnen
Programme ermittelten Zeiten basiert (bspw. Programmverweilzeiten und CPU-Zeiten) müssen die jeweils herangezogenen Zeitgrößen
als Maßstab für die Inanspruchnahme der ADV-Anlage signifikant
sein und die Aufgaben ein homogenes Nutzungsprofil aufweisen.
Bei diesem Abrechnungsmodus wird bspw. die Summe aller verrechen-
baren Programmlaufzeiten und die der Programmlaufzeiten für die
einzelnen Benutzer ermittelt. Damit steht der Anteil des einzelnen Benutzers an der Gesamtzeit fest. /35/
Allerdings ist z.B. die CPU-Zeit als Abrechnungsbasis, wie sie
primär in RZ mit technisch-wissenschaftlichen Aufgabenspektrum
angewendet wird, schon bei einer Kombination von ein-/ausgabe-
und rechenintensiven Programmen unzureichend. /33/
Auf die grundsätzlichen Unzulänglichkeiten der Programmverweilzeiten als repräsentative Abrechnungsgröße ist bereits im Zusammenhang mit der Abrechnung bei Mehrprogrammbetrieb hingewiesen
worden.[1]

Die gesamte ADV-Anlage kann auch als ein einziges Betriebsmittel
aufgefaßt werden. Die Kostenabrechnung ist dann wiederum relativ
einfach: es bleibt allerdings unberücksichtigt, welche ADV-Komponenten i.e. durch ein bestimmtes Programm belegt werden. /56/
Die anteilige Kostenabrechnung ist ein Grundbaustein für ein
leistungsproportionales ARV: die Gesamtkosten der ADV-Anlage
werden in die Einzelkosten der verschiedenen ADV-Komponenten
aufgegliedert (betriebsmittelorientiertes ARV). Graef und Greiller geben eine detaillierte Darstellung einer möglichen Aufsplit-
tung der einzelnen Betriebsmittel in Kostenstellen. /35/

---

1) Vgl. hierzu 3.2.2 (2) Mehrprogrammbetrieb

Die Schwierigkeiten bei einer anteiligen Kostenabrechnung resultieren oft aus der unterschiedlichen Arbeitslast einer Anlage bzw. ihrer Komponenten. "Computer services pricing on the basis of cost has always been very difficult because of the key question as to utilization or system load".[1]
Betriebsmittelorientierte ARV auf Kostenbasis gestatten eine Steuerung des Betriebsablaufes und sorgen "damit gleichzeitig, sozusagen automatisch und flexibel für Kostendeckung".[2]
Da allerdings der "Aufwand im rechnerinternen Abrechnungssystem der Differenzierung der Kosten Grenzen " setzt, muß jedes RZ "die für seine Verhältnisse optimale Differenzierung" wählen".[3]
Welche Differenzierungsstufen möglich sind, wird i.e. im nächsten Kapitel aufgezeigt.

5.3.2 Abrechnung auf Preisbasis

ARV auf Preisbasis orientieren sich nicht an den durch Leistungsverzehr bedingten Kosten und sind deshalb a priori nicht in dem Maße wie eine anteilige Kostenabrechnung geeignet, den Anforderungen an eine verursachungsgerechte Kostenabrechnung gerecht zu werden. /24/ Aufgrund der Allokationsfunktion von Preisen, durch die eine Zuteilung der ADV-Systemleistungen im Sinne des RZ möglich wird, öffnet sich RZ mit der Anwendung von preisorientierten ARV ein weites Feld für eine unternehmensindividuelle Preisgestaltung: "there is enough flexibility in 'Data Processing Accounting' to enable you to follow the pricing policy of your choice".[4]

---

1) Hootman, J. T.: The Pricing Dilemma. In: Datamation, Vol. 15, No. 8, 1969, S. 62.

2) Haller, V.: Zum Betriebsablauf in einem Industrie-Forschungs-Rechenzentrum. In: Betrieb von Rechenzentren, hrsg. von Schreiner, Adolf. Berlin-Heidelberg-New York 1976, S. 160.

3) Schreiner, Adolf: Grundsätze für die Kostenrechnung der Hochschulrechenzentren. - Ein Vorschlag - Protokoll des gleichnamigen Vortrags im Rahmen des Workshops über "Organisation von Rechnerverbundsystemen". Köln 1977, S. 4.

4) IBM (Hrsg.): DP Accounting for IMS/VS (DPA). In: IBM Installation Management CMT, DPA, and SLR GIM. 2. Aufl., Lidingö, (Schweden) 1977, S. 29.

Im Vordergrund steht dabei das Interesse der RZ, über die Preise von ADV-Systemleistungen die Kapazitätsauslastung der begrenzt verfügbaren ADV-Komponenten auf ein Optimum hinzusteuern. "Just as prices are used to allocate the limited resources of the national economy, so can responsive pricing be used to allocate the limited resources of a computer system".[1]
Dabei hängt der Erfolg einer Steuerung der Nutzung von ADV-Systemleistungen wesentlich davon ab, inwieweit RZ bei der Preisgestaltung ihr preispolitisches Instrumentarium ausschöpfen.

Analog zur Abrechnung auf Kostenbasis können auch bei ARV auf Preisbasis zwei verschiedene Grundversionen differenziert werden:

   (1) Abrechnung über feste Preise
   (2) Abrechnung über flexible Preise

Die wesentlichen Unterschiede dieser beiden Abrechnungsmodi bestehen letztlich darin, ob der Markt für ADV-Systemleistungen kurz- und/oder mittel fristige Preisschwankungen und damit eine an marktstrategischen Gesichtspunkten orientierte Preisgestaltung der RZ zuläßt, oder ob die Benutzer eine "marktneutrale" Preisbildung nach festen Spielregeln bzw. Algorithmen erzielen können. /24/

(1) Abrechnung über feste Preise

Die Preise werden vor Inanspruchnahme der ADV-Systemleistungen von dem RZ (im Rahmen einer Vorkalkulation) festgesetzt und sind damit auch von der jeweiligen Kapazitätssituation unabhängig. Bewertungsgrundlage sind vielfach programmspezifische Abrechnungsparameter, die sich an dem Mengengerüst eines Programms orientieren (z.B. Buchungszeilen und Rechnungen). Bei einem Anwendungsprogramm aus der Lohnbuchhaltung wird dann bspw. ein Preis pro abgerechnetem Mitarbeiter angesetzt. /109/

---

1) Nielson, Norman R.: Flexible pricing: An approach to the allocation of computer resources. In: FJCC 1968, AFIPS, Part I, S. 522.

Der Vorteil der Preisunabhängigkeit vom jeweiligen Programmlauf und dessen Einflußfaktoren bedeutet für den Benutzer erhöhte Transparenz, eine gute Überprüfungsmöglichkeit sowie eine stabile Kalkulationsbasis. /56/

Die Anwendung dieser Abrechnungsart sollte auf bereits erprobte Programme beschränkt bleiben, die sich "kaum noch verändern und damit bezüglich ihrer Laufzeit eindeutig festliegen".[1]

Demnach können ein- und/oder ausgabemengenbezogene Preise auch nicht in solchen RZ verwendet werden, die aufgrund von neu auf die Anlage übernommenen "Anwendungsprogrammen" permanent ihr Mengengerüst ändern; das hat wiederum direkte Auswirkungen auf Preise bzw. Preisrelationen./38/ Da Abrechnungsprogramme i.a. nur die Registrierung verarbeitungs- und nicht ein- und/oder ausgabemengenbezogener Abrechnungsdaten unterstützen, wird eine zusätzliche Erfassung der benutzerspezifischen Abrechnungsparameter notwendig. Bspw. müssen Programme implementiert werden, die das Mengengerüst auf die Inanspruchnahme der verschiedenen ADV-Komponenten zurückführen. Damit sind mengenabhängige Preisvereinbarungen für das RZ mit einem erhöhten Verwaltungsaufwand verbunden. /115/

Eine Variante der Festsetzung kostenunabhängiger Preise besteht in der Vereinbarung eines Pauschalpreises (Festpreisvereinbarung). Dieser Abrechnungsmodus bietet sich i.a. immer dann an, wenn in einem RZ in regelmäßigen Zeitabschnitten entweder ein- und dasselbe Programm bzw. Programmpaket mit nahezu konstantem Datenvolumen abläuft und/oder "wenn Schwankungen des zu verarbeitenden Datenvolumens praktisch keinen Einfluß auf die Beanspruchung der Systemkomponenten ausüben".[2]

Die festgesetzten Pauschalpreise sind aber nicht nur von dem Zeit-/Mengengerüst der Programme bzw. Programmpakete sondern auch sehr stark von den Sicherheitszuschlägen eines RZ abhän-

---

1) Graef, Martin; Greiller, Reinald: Organisation und Betrieb eines Rechenzentrums. Stuttgart-Wiesbaden 1975, S. 428.

2) Trampedach, Kurt: Entwicklung und Einführung eines konzerneinheitlichen Informations- und Verrechnungspreissystems für Rechenzentren. In: Abrechnung von Rechenzentrums-Dienstleistungen, hrsg. von Mertens, Peter u.a.. München 1978, S. 111.

gig. /103/ Zudem müssen die in der Kalkulation eingesetzten Werte laufend überprüft werden.

Die Vorteile von mengenabhängigen Preisen und von Festpreisvereinbarungen liegen im wesentlichen in der Einfachheit und der leichten Überprüfbarkeit durch die Benutzer. Ein weiterer Vorteil von beiden Abrechnungsvarianten besteht in der Möglichkeit, einerseits völlig unterschiedliche ADV-Systemleistungen miteinander zu vergleichen (und hieraus den Nutzen von einzelen ADV-Projekten besser beurteilen zu können), sowie andererseits in dem Sachverhalt, daß die Schwankungsbreite der Preisbildung für identische ADV-Systemleistungen wesentlich geringer ist. Dadurch sind für die Benutzer auch bessere Preisvergleichs- und Preiskontrollmöglichkeiten gegeben. /24/

(2) Abrechnung über flexible Preise

"The pricing structure must be 'market oriented' so as to satisfy the needs and objectives of customers".[1]
Bei der Anwendung von marktorientierten ARV (mit kurz- und/oder mittelfristig flexiblen Preisen) können RZ zur Preisgestaltung ihr gesamtes preispolitisches Instrumentarium einsetzen, um eine optimale Steuerung der ADV-Systemleistungen zu erzielen.
Die wesentlichen Bestimmungsgrößen der Preise sind:

- kapazitative Auslastungssituation
- Art der Aufgaben (insbesondere Aufgabenvolumen, -dringlichkeit und -verschiebbarkeit)
- Art der Benutzer

Die Preisgestaltung für ADV-Systemleistungen orientiert sich demnach an der jeweils spezifischen Nachfragesituation, wobei der sich auf dem Markt einspielende (Gleichgewichts-) Preis im wesentlichen vom Aufgabenumfang und der -dringlichkeit (d.h. dem ihnen von den Benutzern zugeschriebenen Wert) abhängt. /89/
Bei einem marktorientierten ARV dieser Art werden die Verrech-

---

1) Selwyn, Lee L.: Computer resource accounting in a time sharing environment. In: AFIPS Conference Proceedings, Vol. 36 (5-7 May 1970), S. 120.

nungspreise also maßgeblich durch die Nachfrageseite determiniert. Das führt bei mittelfristig konstanter Kapazitätssituation und einem heterogenen und schnell fluktuierenden Aufgabenprofil der RZ-Kunden zwangsläufig zu unterschiedlichen Kapazitätsauslastungsgraden. Das schlägt maßgeblich auf die Preisgestaltung der RZ durch.

In auslastungsschwachen Perioden (z.B. Nacht- und Wochenendschichten) sowie bei anderen tageszeit-, wochentagbedingten oder saisonalen Auslastungslücken werden günstige Preise für die Aufgabenabwicklung erzielt. Den nachfragebedingten Auslastungsschwankungen trägt das RZ durch eine gestaffelte Preisskala Rechnung. "If a computer is utilized at less than capacity, ... the price of computer time ... should be low so as not to discourage use of an essentially free facility".[1]

In diesem Zusammenhang ist auch der Aufgabentyp - und hier insbesondere die Fristigkeit der Aufgaben - von Bedeutung: langfristig einplanbare Daueraufträge werden mit langfristig konstanten - und wegen der guten Planbarkeit mit entsprechend niedrigen - Preisen verrechnet. Dagegen sind aperiodische, kurzfristige Aufträge in ihrem Preis auch von der kurzfristig schwankenden Nachfrage der anderen Kunden abhängig. "Wie schnell sich die Preise für die kurzfristigen Aufträge ändern, sollte von deren Verschiebbarkeit und Voraussehbarkeit abhängen".[2]

Wenn sich die Verrechnungspreise der kurzfristig veränderlichen Nachfrage der Benutzer anpassen sollen, ist auch ein entsprechend kurzer und überschaubarer Planungs- bzw. Abrechnungszeitraum notwendig (z.B. Wochenturnus). Ein solches marktorientiertes ARV (Abrechnungsverfahren von MIT) wird im Kapitel 7 vorgestellt. Es ist offensichtlich, daß dieser Abrechnungsmodus nur für Service-RZ geeignet ist, die im Hinblick auf die ökonomischen Ziele

---

1) Singer, Neil M.; Kanter, Herschel; Moore, Arnold: Prices and the allocation of computer time. In: FJCC 1968, AFIPS, Part I, S. 495.

2) Poensgen, Otto H.: Zuteilung und Verrechnung von Leistungen des Rechenzentrums. In: Industrielle Organisation, 42. Jg. 1973, Nr. 9, S. 405.

einer Gewinnmaximierung und/oder einer Erhöhung der Marktanteile
ihr preispolitisches Instrumentarium unterschiedlich stark her-
anziehen können.
Für unternehmensinterne RZ erscheint dieses ARV weniger geeignet:
hier geht es nicht darum "um jeden Preis" eine kapazitative Voll-
beschäftigung zu realisieren, sondern vielmehr zu gewährleisten,
daß durch die Bereitstellung von ADV-Resourcen die Ertragssitu-
ation des Gesamtunternehmens verbessert wird (z.B. durch höhere
Qualität und schnellere Verfügbarkeit von Informationen).
Zudem wären Fachabteilungen mit einem geringeren ADV-Budget gegenüber anderen finanzkräftigen Abteilungen benachteiligt, weil
diese sich zu jedem Preis ADV-Systemleistungen erkaufen können.
In Bild 15 auf der nächsten Seite sind die o.a. Merkmale kosten-
und preisorientierter Abrechnungsalternativen im Hinblick auf
ihren Leistungsbezug noch einmal zusammengefaßt.

5.4 Verbuchungsmodalitäten

Unter Verbuchungsmodalitäten sollen die abrechnungstechnischen
Methoden verstanden werden, mit denen die Kosten bewertet und
an die Benutzer weitergegeben werden.
Die Verbuchungsmodalitäten sind ein Teil der Verrechnungspolitik
und damit auch bei den einzelnen RZ-Typen unterschiedlich ausgeprägt. Grundsätzlich ist zwischen der realen und der symbolischen Verbuchung bzw. Verrechnung zu unterscheiden.

5.4.1 Reale Verrechnung

In nach betriebswirtschaftlichen Grundsätzen geführten Wirtschaftseinheiten ist eine Verrechnung der ADV-Systemleistungen
in Geldeinheiten üblich. Daher wird z.B. in marktorientierten
Service-RZ der Leistungsverzehr mit realen Geldeinheiten verrechnet: die Benutzer müssen mit "hartem" Geld ("hard money")
bezahlen. /40/ "Hard money is money that can be spent for any
purpose".[1]

---

1) Smidt, Seymour: The use of hard and soft money budgets, and
   prices to limit demand for centralized computer facility. In:
   FJCC 1968, AFIPS, Part I, S. 501.

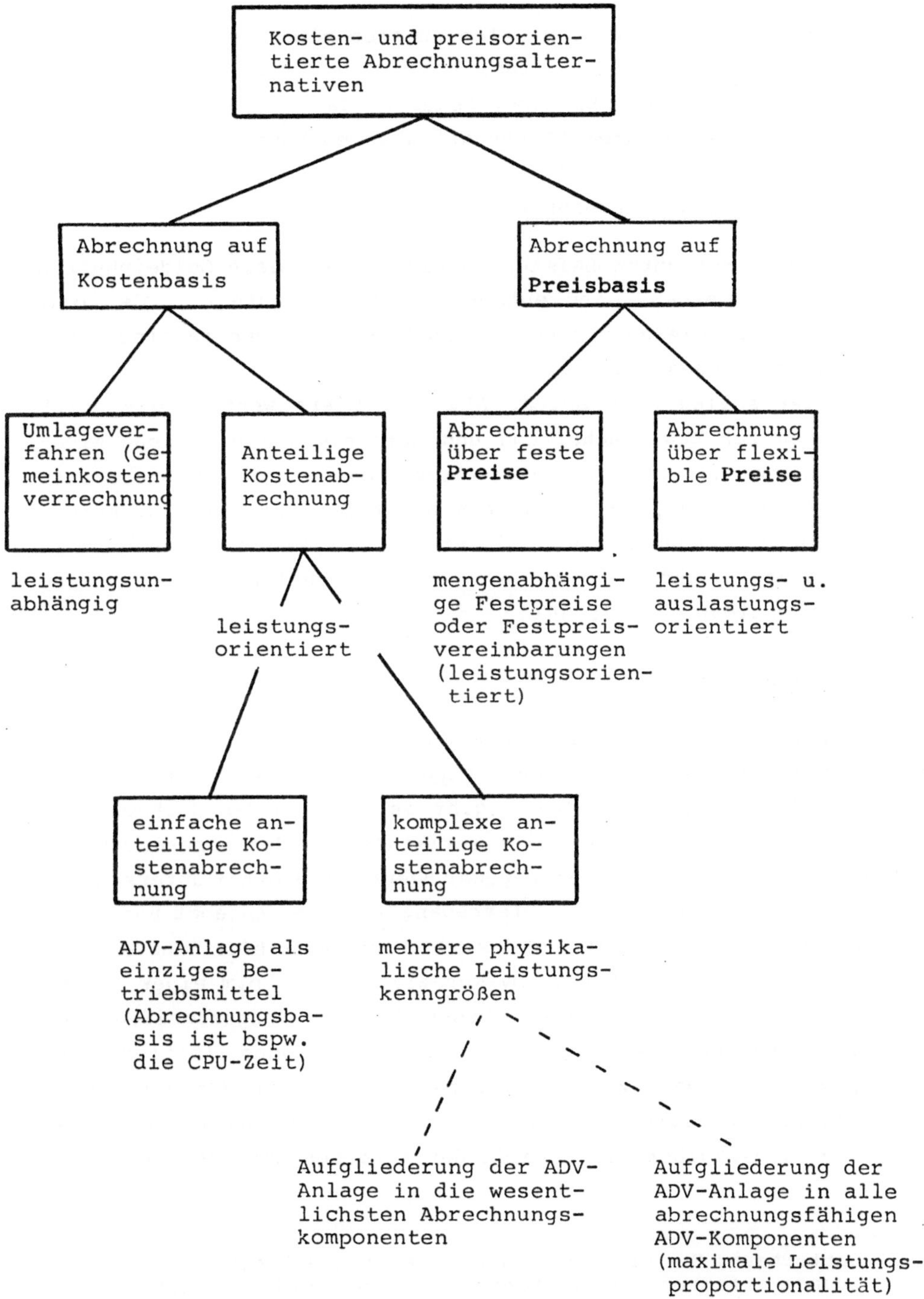

Bild 15 : Kosten- und preisorientierte Abrechnungsalternativen
und deren Leistungsbezug

Bei Verrechnung mit echten Geldeinheiten sind die Voraussetzungen für die Entwicklung eines mehr oder weniger ausgeprägten Kostenbewußtseins der Benutzer gegeben, da sie den Wert des Leistungsverzehrs an ihrem ADV-Budget ablesen können. /5/

5.4.2 Symbolische Verrechnung

Sofern die erbrachten Leistungen nicht über reale Geldeinheiten abgerechnet werden, sind entsprechende Surrogate erforderlich. Papier- bzw. Spielgeld sind Zahlungsmittel im Rahmen einer symbolischen Verrechnung.
Hierunter sollen auch solche ARV subsumiert werden, die durch Maßnahmen zur Bewirtschaftung und Rationierung der Rechenkapazitäten gekennzeichnet sind: es werden sogenannte "Computer-Zeit-Budgets" vergeben, in deren Rahmen die Benutzer die ADV-Anlage in Anspruch nehmen können. Dieser Aspekt gewinnt in Industrie-Forschungs-RZ und insbesondere an Hochschul-RZ an Bedeutung (Kontingentierung). /35 40/

(1) Kontingente

Ein Zwang zur "wirtschaftlichen Nutzung unter Berücksichtigung bestimmter restriktiver Randbedingungen, die sich aus Kosten-Nutzen-Überlegungen ergeben", gibt es i.a. an den Hochschul-RZ nicht.[1] Das resultiert im wesentlichen aus der besonderen Situation dieses RZ-Typs (heterogener Benutzerkreis mit unterschiedlichem Anforderungsprofil, Diskrepanz zwischen Angebot und Nachfrage an ADV-Systemleistungen usw.). Daher wird hier eine Bewirtschaftung der vorhandenen ADV-Kapazitäten in Form einer Rationierung erforderlich. Dabei müssen die oft "ungezügelten" Betriebsmittelanforderungen insbesondere immer dann limitiert werden, wenn die Benutzer durch einen übermäßigen Kapazitätsverbrauch die Ressourcennutzung in der Weise beeinträchtigen, daß die im Hochschulbereich anfallenden Aufgaben aus Lehre und For-

---

1) Luttermann, H.: Ein Abrechnungs-, Kontingentierungs- und Steuerungsverfahren für ein Mehrrechnersystem mit Kapazitätsüberanforderungen am Regionalen Rechenzentrum für Niedersachsen. In: Abrechnung von Rechenzentrums-Dienstleistungen, hrsg. von Mertens, Peter u.a.. München 1978, S. 117.

schung nicht mehr bewältigt werden können.

Besonders effizient ist eine Rationierung für die Benutzer, die die ADV-Kapazitäten unentgeltlich beanspruchen (Benutzer der Gebührengruppe 1). Damit die Ressourcen primär für Aufgaben aus Lehre und Forschung verfügbar sind, muß auch der Bedarf der Benutzerklasse, die Marktpreise entrichtet (Gebührengruppe 4), durch Kontingente begrenzt werden. In diesem Fall werden reale (Marktpreise) und symbolische Verrechnung (Kontingente) parallel angewendet.

Aufgrund der begrenzten ADV-Kapazitäten in einigen Hochschul-RZ (z.B. RZ der Universität Erlangen, RZ der Universität Karsruhe) Kontingente definiert und (auf Antrag der Benutzer) vergeben. Bevor Rechenkapazität allerdings verteilt und kontingentiert werden kann, muß sie gemessen werden. /72/

Dabei müssen die zu kontingentierenden Leistungsarten festgesetzt und die Kontingentierungseinheiten bestimmt werden. Kontingentiert werden bspw. Rechenzeit, Anzahl permanenter Dateien und Materialverbrauch. Der Umfang des Rechenzeitkontingentes berechnet sich nach dem Verbrauch der letzten Jahre. Rechenzeiten, die ein festgesetztes Kontingent überschreiten, können in Rechnung gestellt werden. /5 124/

Wenn für mehrere Leistungsarten Kontingente vergeben werden, sollten diese aus Gründen der besseren Handhabung von Kontingentierung und Abrechnung nicht in systemtechnischen Einheiten (z.B. CPU-Sekunden für Rechenzeit, Kilobytes für Zentralspeicherbelegung) sondern in künstlichen Verrechnungseinheiten angegeben werden. /125/ Dadurch wird die Transparenz des Verfahrens für die Benutzer erhöht.

Die den Benutzern bewilligten Rechenzeitkontingente werden zu Beginn einer Kontingentierungsperiode auf Magnetband gespeichert und von Abrechnungsprogrammen auf den neuesten Stand gebracht. Die Benutzer werden dann ständig über ihren Verbrauch informiert. /5 125/. Die Leistungsabrechnung basiert auf den registrierten Verbrauchswerten. Wie bereits unter Punkt 4.3.5 angedeutet, sind Kontingentierung und Abrechnung in Hochschul-RZ demnach eine Form der Planwirtschaft. Im Gegensatz zu marktorientierten ARV ist es hier nicht möglich, sich im Bedarfsfall ADV-Kapazitäten durch entsprechend hohe Preise zu erkaufen.

Durch die bei der Kontingentvergabe erfolgte Einteilung in Benutzerklassen und Zuteilung von Prioritäten enthält das Kontingentierungsverfahren zusätzliche Steuerungsmechanismen. Im Rahmen einer Überwachung der Kontingentnutzung ist es dann möglich, das Benutzerverhalten über entsprechende Kontingentierungsalgorithmen zu beeinflussen. Zu diesem Zwecke können die vergebenen Rechenzeiteinheiten zusätzlich mit auslastungsadäquaten Gewichtungsfaktoren versehen werden.

Aufgrund allgemeiner empirischer und theoretischer Erkenntnisse aus der Nationalökonomie und der Betriebswirtschaftslehre insbesondere räumt Mertens allerdings marktwirtschaftlichen Mechanismen den Vorrang gegenüber planwirtschaftlich-bürokratischen Maßnahmen ein: marktwirtschaftliche Mechanismen haben sich als effizienter und vor allem flexibler erwiesen bei der Steuerung der Ressourcen an die Stelle, wo sie am dringendsten benötigt werden. /126/

Durch das Kontingentierungsverfahren soll den Benutzern auch ein Gefühl für den Wert der beanspruchten Rechenzeit vermittelt werden. "Only if there is a budget constraint will the user have an incentive to evaluate the benefits of computer time relative to its cost to him and other users, for otherwise the cost will be zero".[1]. Sofern in Hochschul-RZ noch kein Kontingentierungsverfahren existiert und die Benutzer dennoch ein Kostenbewußtsein entwickeln sollen, werden bspw. den nicht zahlenden Benutzern Rechnungen (z.B. auf der Basis "Selbstkosten Land") für die verbrauchten Rechnerleistungen ausgetellt. Hierzu werden bei jedem Programmlauf am Ende der Druckliste bzw. der Dialogsitzung der Preis des Programmlaufes - und zwar in allen Kostenarten und Preisen, die an den Hochschul-RZ unterschieden werden, - angegeben.[2]

---

1) Singer, Neil M.; Kanter, Herschel; Moore, Arnold: Prices and the allocation of computer time. In: FJCC 1968, AFIPS, Part I, S. 495.

2) Vgl. hierzu 4.3.5 Hochschulrechenzentren

Dadurch haben auch die unentgeltlich "rechnenden" Benutzer die Möglichkeit, ihren Kostenanteil abzuschätzen.

Aufgrund der somit geförderten kritischen Einstellung der Benutzer zu dem tatsächlichen Nutzen eines Projektes bzw. Programmes kontrollieren die Benutzer ihren Rechenzeitverbrauch bewußter und werden in der Abgabe von Programmen vorsichtiger. /55 124/ ARV von Hochschul-RZ sind außerdem oft dadurch gekennzeichnet, daß die Verrechnung auf wenige Leistungsarten (z.B. CPU-Bedarf, Zentralspeicherbelegung) beschränkt bleibt, da ansonsten der Erfassungs- und Verwaltungsaufwand unangemessen hoch wird. /100/ Zusätzliche Schwierigkeiten resultieren aus dem Kontingentierungsverfahren selbst: das ARV ist nur in dem Maße konsistent, wie für die abgerechneten Leistungsarten auch Einzelkontingente bestehen und wie "Kontingentierungseinheit und Abrechnungseinheit identisch sind oder Proportionalität zwischen beiden besteht".[1] Das ist aber i.a. nicht der Fall.

(2) <u>Papiergeld</u>

Wenn RZ ihre ADV-Kapazitäten weder durch Budgets limitieren noch den Leistungsverzehr mit realen Geldeinheiten verrechnen, wird eine symbolische Verrechnung in Form von Papier- oder Spielgeld eingeführt. Hierfür haben sich in der Literatur die Begriffe "fiat money" bzw. "soft money" durchgesetzt. "Soft money is money that can be used only in some limited way".[2]

Mit diesem Geldsurrogat sollen ebenfalls einem "unvernünftigen" Kapazitätsverbrauch Schranken gesetzt werden. "It is essential, however, that the user feels that he is truly paying a price".[3]

---

1) Zimmermann, W.: Verbundspezifische Probleme bei Kontingentierung und Abrechnung von Rechenleistungen. Protokoll des gleichnamigen Vortrags im Rahmen des Workshops über "Organisation von Rechnerverbundsystemen" in Köln, S. 5.

2) Smidt, Seymour: The use of hard and soft money budgets, and prices to limit demand for centralized computer facility. In: FJCC 1968, AFIPS, Part I, S. 499f.

3) Singer, Neil M; Kanter, Herschel; Moore, Arnold: Prices and the allocation of computer time. In: FJCC 1968, AFIPS, Part I, S. 494.

Die Benutzer sollen erkennen, daß ADV-Kapazitäten nicht uneingeschränkt verfügbar sind und zu einer Kosten-Nutzen-Analyse ihrer Anwendungsprogramme motiviert werden. /40/
Im Gegensatz zu RZ mit "Hard-Money-ARV" können RZ mit "Soft-Money-ARV" nicht in dem gleichen Maße auf das Verhalten ihrer Benutzer Einfluß nehmen bzw. bei ihnen ein Kostenbewußtsein entwickeln, weil hier ein echtes finanzielles Opfer für die Inanspruchnahme von ADV-Systemleistungen fehlt. /126/
Für die Verbuchung mit symbolischen Verrechnungseinheiten ist vielmehr eine Diskrepanz "zwischen Kapazitäts- und Betriebsmittelanforderungen der Projekte und den zu realisierenden Möglichkeiten bezeichnend".[1] Diese Kluft wird insbesondere in RZ aus dem Forschungsbereich "wegen der hohen Abschätzungsrisiken durch Sicherheitszuschläge und Verhandlungsvorgaben noch erweitert".[1]

Bei symbolischer Verrechnung fehlt den Benutzern auch die Motivation zu einer gleichmäßigen Ressourcennutzung. "Allocating soft money to users encourages them to make use of the excess capacity, at lower ... cost to the organization than if they had been allocated hard money ... Soft money is not effective in limiting demand when there is a shortage of computer capacity".[2]
Demnach wird bei Arbeitsspitzen und/oder kapazitativen Engpässen eine Verrechnung mit symbolischen Einheiten besonders problematisch. Dieser Sachverhalt wird auch als "Soft-Money-Problem" bezeichnet. /40/

---

1) Haller, V.: Zum Betriebsablauf in einem Industrie-Forschungs-Rechenzentrum. In: Betrieb von Rechenzentren, hrsg. von Schreiner, Adolf. Berlin-Heidelberg-New York 1976, S. 161.

2) Smidt, Seymour: The use of hard and soft money budgets, and prices to limit demand for centralized computer facility. In: FJCC 1968, AFIPS, Part I, S. 503.

6 Grundkonzepte und Varianten leistungsorientierter Abrechnungsverfahren

Ein leistungsorientiertes ARV erfordert einen Algorithmus, in dem die abzurechnenden (Teil-) Leistungen mit verursachungsgerechten Kostensätzen bewertet werden. Im folgenden bleiben die bereits im Kapitel 5 aufgezeigten strategischen Abrechnungsaspekte weitgehend unberücksichtigt.
In einem ersten Schritt sind folgende Dimensionen festzulegen:
- Leistungsdimension
- Zeitdimension

6.1 Leistungsdimension

Zur Bestimmung der Leistungsdimension ist eine Abgrenzung der abzurechnenden ADV-Komponenten (=Abrechnungskomponenten) und damit auch eine differenzierte (betriebsmittelorientierte) Leistungserfassung sowie eine Definition der einzelnen Leistungskennzahlen erforderlich.

6.1.1 Abrechnungskomponenten und Leistungskennzahlen

Bei der Aufgliederung der ADV-Anlage in einzelne Abrechnungskomponenten muß ein geeigneter Leistungsmaßstab gefunden werden: es müssen solche physikalischen Größen als Leistungskennzahlen definiert werden, die für die Inanspruchnahme der verschiedenen ADV-Komponenten als repräsentativ gelten können. /65/

(1) Notwendigkeit einer Aufgliederung

Bei ADV-Anlagen mit Einprogrammbetrieb ist eine Kostenabrechnung unproblematisch: jedem Programmlauf werden ohne Rücksicht auf die Betriebsmittelauslastung die gesamten Kosten angerechnet.[1]
Bei allen Anlagen mit einer nicht streng sequentiellen Abarbeitungsfolge ist - wegen der parallelen Nutzungsmöglichkeiten von ADV-Komponenten durch mehrere Programme - eine Aufteilung der Gesamtkosten der Anlage in die Teilkosten der einzelnen ADV-Kom-

---

1) Vgl. hierzu auch 3.2.2 (1) Einprogrammbetrieb

ponenten erforderlich. Die Gesamtleistung einer ADV-Anlage mit
Mehrprogrammbetrieb resultiert dann aus der Summe von Produkten
aus den Teilleistungen mit den ihnen zugeordneten Gewichtungen.
Das bedingt eine differenzierte Leistungserfassung und eine Kostenabrechnung, bei der auch die unterschiedliche Nutzungsintensität von ADV-Komponenten durch verschiedene Programme berücksichtigt werden muß. Einige Komponenten werden während der gesamten Laufzeit (z.B. Bandeinheit), andere nur in einzelnen Zeitabschnitten (z.B. Zentralspeicher) belegt.

Wenn die Belastung des Benutzers den unterschiedlichen Ressourcen, die er beansprucht, entsprechen soll, dann muß der Kostenanteil für die abzurechnenden Betriebsmittel so bemessen sein,
daß er dem Anteil des jeweiligen Programmes an der Gesamtnutzung
(oder gesamt möglichen Nutzung) einer ADV-Komponente entspricht.
/10 89/

Die Kostenanteile der verschiedenen ADV-Komponenten ergeben sich
"als Produkt von Verrechnungseinheit[1] bzw. Leistungskennzahl
(z.B. CPU-Sekunden), Multiplizität (z.B. Anzahl von Magnetbandeinheiten) und Kosteneinheit bzw. Preis (z.B. DM pro CPU-Sekunde)".[2]

In den folgenden Ausführungen wird dargestellt, welcher Aufteilungsmodus und Differenzierungsgrad für ein leistungsorientiertes ARV geeignet erscheint. Dabei wird mit zunehmender Differenzierungsstufe die Entwicklung von einem leistungsorientierten
zu einem -proportionalen ARV aufgezeigt.

(2) <u>Aufteilungsmodus und Differenzierungsgrad</u>

ADV-Anlagen bzw. -Komponenten mit gleicher Leistungsfähigkeit
können zu einem Abrechnungspool zusammengefaßt werden; leistungsmäßig unterschiedliche Betriebsmittel müssen dagegen getrennt
abgerechnet werden. /69/
Sind in einem RZ mehrere Anlagen unterschiedlicher Konfiguration und/oder Leistungsklasse installiert, müssen die verschiede-

---

1) Vgl. auch 6.1.2 Bildung einheitlicher Leistungsmaßstäbe

2) Graef, Martin; Greiller, Reinald: Organisation und Betrieb
   eines Rechenzentrums. Stuttgart-Wiesbaden 1975, S. 431.

nen Leistungen einzeln erfaßt und für die Kostenabrechnung auf eine gemeinsame logische Stufe gestellt werden.
"The basic cost and charge components are the cpu and peripherals".[1] Damit ist eine erste grobe Aufteilung in die Abrechnungskomponenten Zentraleinheit und Peripherie gegeben. Zur Beurteilung der Inanspruchnahme der Zentraleinheit sind die spezifische Zentralspeicherbelegung durch ein Anwendungsprogramm "und die notwendige CPU-Zeit als Grundlage einer Kostenberechnung ausschlaggebend".[2] Die Ermittlung der CPU-Zeit (Leistungskennzahl z.B. CPU-Sekunden) ist weitgehend unproblematisch: nahezu alle Leistungserfassungssysteme registrieren diesen Wert. Zudem ist hiermit - im Gegensatz zu der Programmverweilzeit - eine relativ leistungsproportionale - weil vorwiegend selbst verursachte - Zeitbasis für die Abrechnung von ADV-Systemleistungen gegeben. /35 76/

Mit der Einbeziehung der Abrechnungskomponente Zentralprozessor wird dessen Belastung je Programmlauf berücksichtigt. Dadurch wird insbesondere bei größeren ADV-Anlagen "mit zeitlich unterschiedlichem Anschluß einer variablen Anzahl von Terminals und gleichzeitigem Stapelbetrieb" eine individuelle Erfassung der beanspruchten Rechnerleistungen möglich.[2]
Da bei alleiniger Abrechnung der CPU-Zeit der programmspezifische Bedarf an Zentralspeicher unberücksichtigt bleibt und die Benutzer somit zu einer extensiven Speicherplatzbelegung motiviert werden, ist eine getrennte Kostenabrechnung des Zentralspeichers notwendig. "A job which uses five minutes of cpu time and 60K (Anm.: K=Kilobytes) of core would be charged exactly the same as a job which uses five minutes of cpu time and 120 K".[3] Häufig ist es aber problematisch, den Zentralspeicher als

---

1) Wiorkowski, Gabrielle K. and John J.: A Cost Allocation Model. In: Datamation, Heft 8/73, S. 60.

2) Herden, Ewald; Karrer, Josef: Kann die Wirtschaftlichkeit des Rechenzentrums kontrolliert werden? In: ÖVD, Heft 12/74, S. 571f.

3) Wiorkowski, Gabrielle K. and John J.: A Cost Allocation Model. In: Datamation, Heft 8/73, S. 60.

separate Abrechnungskomponente zu führen. Die hier anfallenden
Kosten können dann in Form eines Zuschlags auf die gesamte ADV-
Anlage oder auf die Zentraleinheit umgelegt werden. /8 35/
Mit der Aufteilung in die drei Abrechnungskomponenten Zentral-
prozessor, -speicher und Peripherie ist dann eine zweite grobe
Aufteilung gegeben. Dabei können für die peripheren Abrechnungs-
komponenten vereinfachte Standardkostensätze auf der Basis von
"Peripherie-Einheits-Zeiten" angesetzt werden.
Dieser Aufteilungsmodus bereitet für die Abrechnung i.a. keine
Schwierigkeiten, da die entsprechenden Meßwerte bzw. Abrechnungs-
daten "während eines Programmablaufes meist intern bereits zur
Verfügung stehen" und anderenfalls nur ein geringer zusätzlicher
Programmierungsaufwand erforderlich ist.[1]

Ein derartiger Aufteilungsmodus ist aber für ein leistungsproportionales ARV unzureichend, da alle peripheren Geräte auf der
Basis eines einheitlichen Leistungsmaßstabs abgerechnet werden
("Peripherie-Einheits-Zeiten"[2]).
Demnach werden Programme mit einer hohen Ein- und Ausgabeintensität nicht entsprechend ihren Anforderungen an die einzelnen
peripheren Geräte mit verschiedenen Kostensätzen bewertet. Solche ARV sind zwangsläufig nur eingeschränkt leistungsproportional und können auch dem Verrechnungsgrundsatz der Präzision
nicht gerecht werden. Zudem gibt das RZ mit einem weniger differenzierten ARV die Möglichkeit aus der Hand, über verschiedene
Kostensätze die Auslastung der peripheren Einheiten zu steuern.

Daher ist eine weitere Aufteilung notwendig, bei der die Leistungen aller ADV-Komponenten einzeln erfaßt und verrechnet
werden. Haller spricht in diesem Zusammenhang von einem betriebsmittelorientierten Abrechnungssystem. /40/
Zudem muß bei einer differenzierteren Kostenabrechnung auch berücksichtigt werden, daß nicht die gesamten Kosten in die Ab-

---

1) Herden, Ewald; Karrer, Josef: Kann die Wirtschaftlichkeit
   des Rechenzentrums kontrolliert werden? In: ÖVD, Heft 12/74,
   S. 572.

2) ebenda

rechnung bestimmter ADV-Komponenten einzubeziehen sind. Daher müssen dem Zentralprozessor die Kosten für solche ADV-Komponenten, die ausschließlich vom Betriebssystem belegt werden (bspw. Systemplatten, Steuerkonsolen) zugerechnet werden. Die Kostenkomponente für die zentralspeicherresidenten Betriebssystemmodule sind ebenfalls dem Zentralprozessor zuzuordnen. /35 46/
Da nicht die gesamte Zentralspeicherkapazität von Anwendungsprogrammen der Benutzer belegt werden kann, sind bei der Abrechnung des Zentralspeichers auch nur die verfügbaren Zentralspeicherstellen (das sind die um den vom Nukleus beanspruchten Speicherraum bereinigten Zentralspeicherstellen) heranzuziehen: Leistungskennzahl ist also Kilobytes "netto". "Not all main storage and DASD are available to perform productive work because of system requirements".[1]

Eine leistungsproportionale Kostenzuordnung des Zentralspeichers erfordert neben der Ermittlung der Belegungsgröße auch eine Erfassung der Belegungszeit, die ebenfalls standardmäßig durch Accounting-Routinen[2] geliefert wird. /63/
Demnach muß die Leistungskennzahl des Zentralspeichers für die Kostenabrechnung eine geeignete Zeitbasis (z.B. CPU-Zeit) enthalten, mit der das Belegungsvolumen des Zentralspeichers gewichtet (multipliziert) wird. Dagegen scheidet eine Gewichtung mit der Programmverweilzeit aufgrund mangelnder Reproduzierbarkeit aus. Sofern auch die CPU-Zeit nicht hinreichend genau ist – sie ist in geringem Ausmaß ebenfalls vom "gleichzeitig" ablaufenden Programmbündel bei Mehrprogrammbetrieb abhängig – muß eine andere Zeitgröße als Abrechnungsbasis definiert werden. /10/

Hansen und Röhrs fordern im Zusammenhang mit einer verursachungsgerechten Erfassung und Abrechnung der Zentralspeicherbelegung die Einführung einer "Wartezeit-Uhr" eines Programms, die immer

---

1) Rettus, R. C.; Smith, R. A.: Accounting control of data processing. In: IBM Systems Journal, Vol. 11, No. 1 1972, S. 80.

2) Vgl. hierzu 6.3 Job Accounting

dann anläuft, wenn es auf CPU-Zuteilung wartet und immer dann
gestoppt wird, wenn die CPU-Zuteilung erfolgt ist. /41/

Da die Belegung des realen Speicherraums bei virtueller Speichertechnik nicht dem Programmumfang und dem Auslastungsgrad einer
ADV-Anlage entspricht, werden durch zusätzliche Berücksichtigung der Zeitbasis auch die mit der virtuellen Speichertechnik
verbundenen Probleme kostenrechnerisch zufriedenstellend gelöst. Zudem wird so vermieden, daß Programme niedriger Priorität durch erhöhte Kosten der Zentralspeicherbelegung "bestraft"
werden. /35 95/

Aufgrund der stark unterschiedlichen Nutzungsformen der peripheren Geräte sollten diese nicht - wie bei der obigen Grobauftei-
lung - als ein Abrechnungspool aufgefaßt sondern in einzelne
Abrechnungskomponenten aufgegliedert werden. Außerdem sind den
peripheren Einheiten (z.B. Band-, Platteneinheiten, Drucker) die
Kosten der für ihren Betrieb erforderlichen Steuereinheiten (z.
B. Band-, Platten- und Drucksteuereinheiten) zuzurechnen. Sofern
die Betriebssysteme über keine getrennte Leistungserfassung für
die Kanalbelegungen verfügen, müssen auch die Kosten für die
Datenkanäle den jeweiligen Peripheriegeräten zugeschlagen werden. /99 112/

Die Inanspruchnahme peripherer Speicher (z.B. Magnetbandeinheiten, -platteneinheiten und -trommeln) kann bspw. auf der Basis
der notwendigen Datenzugriffe abgerechnet werden. /46/

Auch hier soll der Leistungsmaßstab herangezogen werden, "der
vom jeweiligen Programm und von der Art und Menge der verarbei-
teten Daten bestimmt wird".[1] Demnach kann auch bei Platteneinheiten nur die dem Benutzer verfügbare Speicherkapazität - also
die, die um den durch Systemprogramme belegten Platz bereinigt
ist - weiterbelastet werden: Leistungskennzahl ist dann z.B.
Anzahl Spuren "netto". Die Abrechnungssituation ist hier also
prinzipiell mit der des Zentralspeichers identisch. /10/

---

1) Mitschke, Horst: Leistungsbewertung und Preisermittlung im
   ADV-Kostenrechnungsverfahren der hamburgischen Verwaltung.
   In: Abrechnung von Rechenzentrums-Dienstleistungen, hrsg. von
   Mertens, Peter u.a.. München 1978, S. 148.

Zudem sollten die Direktzugriffsspeicher (Magnetplatten und -trommeln) nicht als exklusive Einheiten sondern als "shared devices" abgerechnet werden. Aufgrund ihrer parallelen Nutzungsmöglichkeiten ist ein Abrechnungsmodus auf der Basis von Datenzugriffen insbesondere bei Auskunftssystemen mit Direktzugriff auf Magnetplattenspeicher und unterschiedlicher Zugriffshäufigkeit nicht geeignet. /38 46/

Programme mit unterschiedlicher Zugriffsintensität sind demnach durch proportionale Zurechnungsanteile kostenmäßig zu bewerten: auf diese Weise werden "Programmläufe mit nur gelegentlichen Zugriffen nicht so stark vorbelastet".[1]

Die Leistung der Abrechnungskomponente Bandeinheit wird i.a. auch mit dem Maßstab "Anzahl Datenzugriffe" erfaßt. Die Meßwerte werden für jedes periphere Gerät von den Accounting-Routinen bereitgestellt. Dabei sollte auch die Anzahl der der Rüstvorgänge berücksichtigt werden, "da sie eine zusätzliche Leistung an diesem Betriebsmittel darstellen".[2]

Bei "time-sharing-Systemen" mit Zeitabschnittsbetrieb werden den Benutzern zusätzliche Kosten für die Belegung des allgemein verfügbaren Massenspeichers auf der Platte angelastet. /8/

In der Praxis wird allerdings grundsätzlich diskutiert, ob nicht Gerätebelegungszeiten eine bessere Grundlage für eine leistungsproportionale Kostenabrechnung der peripheren Speicher darstellen. Die Gerätebelegungszeit ist die Alleinlaufzeit zwischen dem ersten und letzten Ansprechen eines peripheren Gerätes.

Da diese Größe aber bei Mehrprogrammbetrieb nicht (vernünftig) gemessen werden kann, wird die Zugriffshäufigkeit (oder andere Meßwerte über Ein- und Ausgabeoperationen) als Orientierungshilfe für die Berechnung einer äquivalenten Belegungszeit herangezogen. Dabei kann ein zeitlicher Beziehungszusammenhang zwi-

---

1) Lange, Peter; Lindner, Klaus; Massat, Dieter: Vorschlag für eine Kostenrechnung von Datenverarbeitungszentren. In: ÖVD, Heft 1/73, S. 26.

2) Graef, Martin; Greiller, Reinald: Organisation und Betrieb eines Rechenzentrums. Stuttgart-Wiesbaden 1975, S. 423f.

schen verbrauchter CPU-Zeit und der Zugriffshäufigkeit konstatiert werden. Dadurch wird eine additive Verknüpfung von CPU-Zeit und der Anzahl der Datenzugriffe möglich (zur Bildung von Leistungsmaßstäben)[1]. Graef und Greiller schlagen als Bezugsgröße dagegen die Programmverweilzeit vor, da periphere Geräte i.a. nicht parallel genutzt werden können. /35 69/

Die übrigen peripheren Abrechnungskomponenten (z.B. Lochkartenleser, -stanzer, Drucker) bereiten bei der Kostenabrechnung i.a. keine großen Schwierigkeiten. Die hier verwendeten Leistungskennzahlen sind eindeutig. Der einfachste Abrechnungsmodus basiert auf dem Materialverbrauch (z.B. Anzahl eingelesener und/oder ausgestanzter Lochkarten, Druckzeilen bzw. -seiten). Dabei sollte nach Möglichkeit material- (Anzahl Seiten) und nicht kapazitätsorientiert (Anzahl Zeilen) abgerechnet werden. /37/

Sondergeräte wie bspw. Plotter und Mikrofilmgeräte (COM) sind analog abzurechnen: Abrechnungsgrundlagen sind Belegungszeit bzw. Papierverbrauch und Anzahl Mikrofilmbilder. /5/
Bild 16 gibt in Form einer Tabelle eine zusammenfassende Grobübersicht möglicher Abrechnungskomponenten, -grundlagen, Leistungskennzahlen und Abrechnungsdimensionen.[2]

---

1) Vgl. 6.1.3 Bildung einheitlicher Leistungsmaßstäbe

2) Vgl. hierzu auch die Anlagen 3 und 4 im Anhang

Abrechnungskomponenten	Abrechnungsgrundlagen	Leistungskennzahlen	Abrechnungsdimensionen
(1) Zentraleinheit – Zentralprozessor	CPU-Zeit – je Programm – je Programmschritt	CPU-Sekunden	x_1DM für 1 Min. CPU-Zeit
– Zentralspeicher real u. virtuell	verfügbare Zentral-speicherkapazität (Belegungsumfang x -zeit)	(Kilobytes x geeigneter Zeitbasis, bspw. CPU-Zeit)	x_2DM für 1 Kilobyte-Stunde xx)
(2) Kanäle x)	Zugriffsintensität (auch: Anzahl EXCP-Befehle, Transferrate)	Anzahl Kanalzugriffe	x_3DM für 1oo Kanalzugriffe
(3) Periphere Geräte z.B. Plattenspeicher Trommelspeicher Bandeinheiten	alternativ: (1) Zugriffsintensität (Anzahl benutzter Einheiten x Datenzugriffe) (2) Gerätebelegungs-zeit (Anzahl belegter Einheiten x Belegungsdauer)	alternativ: (1) Anzahl Zugriffe (EXCP) auf Platte, Trommel, Band (2) Periphere Bele-gungszeiten	alternativ: (1) x_4DM für 1000 Zugriffe auf Platte, Trommel, Band (2) x_5DM für 6o Min. periphere Belegungszeit
Lochkartenleser Lochkartenstanzer Drucker	Ein- und Ausgabe-mengen und Material-verbrauch	Anzahl: – eingelesene Karten – ausgestanzte Karten – Druckseiten bzw. Druckzeilen	x_6DM für 1ooo eingelesene Lochkarten x_7DM für 1ooo ausgestanzte Lochkarten x_8DM für 1oo Druckseiten bzw. x_9DM für 1ooo Druckzeilen

x) die Kanalaktivitäten werden nur z.T. von den Leistungserfassungssystemen ausgewiesen.
xx) Kilobyte hours are defined as cpu time in hours multiplied by bytes of core divided by 1ooo.

Bild 16 : Grobübersicht möglicher Abrechnungskomponenten, -grundlagen, Leistungskennzahlen und Abrechnungsdimensionen

(3) <u>Zusätzliche Abrechnungskomponenten und -merkmale</u>[1]

Sofern ein RZ neben lokalem (Stapel- und Dialog-) Betrieb auch die systemtechnischen Einrichtungen für Datenfernverarbeitung - insbesondere in Verbindung mit Dialogbetrieb - anbieten kann, werden zusätzliche ADV-Komponenten beansprucht (Dialogsoftware, Datenübertragungsleitungen, -stationen, Modems, Konzentratoren usw.). Daher sind bei der Abrechnung von ADV-Systemleistungen den Kosten für die Programmabwicklung auf der ADV-Anlage zusätzlich die Kosten der für Dialogbetrieb und Datenfernverarbeitung notwendigen Komponenten zuzurechnen. /35 46/

Hierbei handelt es sich im wesentlichen um die Kosten für Datenendeinrichtungen (Benutzerstationen) und für Nutzung der Datenübertragungswege (Fernsprech-, Telex- und Datexnetz) bzw. Transport (Postversand, eigener Bote). Die Kosten für die Datenübertragung hängen wiederum von verschiedenen Bestimmungsfaktoren ab. Neben der von der Deutschen Bundespost (monatlich) festgelegten Grundgebühr werden die laufenden Nutzungsgebühren im wesentlichen bestimmt durch:

- Art des Datenübertragungsnetzes
- Entfernung zwischen Benutzer und RZ (nicht bei Datex-P)
- Tageszeit (verschiedene Gebührenklassen)
- Übertragungsgeschwindigkeit (Maßstab: Baud)
- Übertragungsvolumen (Maßstab: Anzahl Zeichen/Monat)
- Übertragungsdauer
- Anzahl der aufgebauten Verbindungen (Maßstab: "Logons")

Die Kosten für Datenendeinrichtungen sind von deren Benutzungskomfort abhängig. Einfache, einfunktionale Benutzerstationen (z.B. nur Datenerfassung) kosten ein Bruchteil von frei programmierbaren Mehrfunktionsstationen mit umfangreicher Peripherie (z.B. Bildschirm, Kernspeicher, Drucker, Belegleser) bzw. von Kleinrechnern, mit denen bestimmte (zeitkritische) Aufgaben "vor Ort" abgewickelt werden können.

---

1) Vgl. hierzu insbesondere Enderlein, Walter: Projektierung von Anwender-Datennetzen (Abschnitt H, S. 225-280), München-Wien 1979.

Hinzu kommen die Kosten für die Anpassung der Software im zentralen RZ; dazu müssen die Kosten für den durch diese Aufgaben erforderlichen, residenten Anteil des Zentralspeichers den Datenfernverarbeitungsprogrammen direkt zugeschlagen oder - wenn mehrere Benutzer an der Aufgabe partizipieren - prozentual weiterverrechnet werden. Als Leistungskennzahl dient dann bspw. die Anzahl der übertragenen Datenblöcke und/oder die Anschaltzeit ("connection time") von Datenstationen. Dabei ist eine getrennte Abrechnung spezieller und besonders kostenintensiver Datenstationen (z.B. graphische Bildschirmterminals) - aus Gründen der Verursachungsgerechtigkeit - notwendig. /8 69/

Wenn die "online-Aufgaben" zudem mit höchster Priorität durchgeführt werden, ist das bei der Abrechnung bspw. durch einen Prioritätsfaktor entsprechend zu berücksichtigen. "Higher tolls are charged for priorities with lower average waiting time and vice versa".[1] Anlage 4 im Anhang zeigt eine mögliche Aufteilung in Abrechnungskomponenten bei einer ADV-Anlage mit Dialogbetrieb und "time-sharing-Betriebssystem".

Neben der Unterscheidung der durchgeführten Arbeiten nach dem Verarbeitungstyp (Stapel-, Dialog- und Realzeitbetrieb) ist ggf. zusätzlich eine Differenzierung nach dem Programmtyp (Produktions- oder Testlauf) erforderlich. Sofern die Kosten eines RZ ausschließlich durch Produktionsarbeiten gedeckt werden, sind oft entsprechend höhere Kostensätze notwendig. /95/
In einigen Abrechnungsalgorithmen wird sogar die spezifische Struktur von Programmiersprachen durch einen entsprechenden Faktor berücksichtigt. Eine weitere Verfeinerung des ARV besteht darin, die Kosten nicht auf das gesamte Programm, sondern auf den einzelnen Programmschritt ("jobstep") zu beziehen /35/: sofern die Betriebs- und Leistungserfassungssysteme so differenzierte Werte bereitstellen können, sind die Voraussetzungen für ein im höchsten Grade leistungsproportionales und präzises ARV gegeben.

---

1) Ghanem, S. B.: Computing center optimization by a pricing-priority policy. In: IBM Systems Journal, Nr. 3 1975, S. 272f.

Allerdings kann bei komplexen Programmen mit zahlreichen Prog-
rammschritten die Transparenz des ARV verloren gehen.
Diese kann aber auch bei Einbeziehung zu vieler Abrechnungsdaten eintreten: daher empfiehlt Koreimann, nicht mehr als 12 repräsentative Leistungskennzahlen für die Abrechnung heranzuziehen. /66/ Letztlich ist es nicht nur eine Frage des Aufwands,
sondern auch eine Frage der Bedürfnisse und der "sophistication"
der Benutzer, wieviele Abrechnungskomponenten und -merkmale bei
einem ARV berücksichtigt werden sollen. In einigen Service-RZ
wird zwischen der innerbetrieblichen und der externen Kostenabrechnung an die Benutzer unterschieden. Die innerbetriebliche
Abrechnung enthält - aus Gründen einer besseren Übersicht -
i.a. wesentlich weniger Abrechnungsparameter als die externe
Abrechnung. /109/

6.1.2 Bildung einheitlicher Leistungsmaßstäbe

Für die Einführung einheitlicher Leistungsmaßstäbe sprechen u.a.
folgende Gründe:

(1) Es soll selbst dann eine einheitliche Abrechnung von ADV-
    Systemleistungen möglich sein und somit dem Verrechnungs-
    grundsatz der Reproduzierbarkeit ("gleiche EDV-Arbeit ver-
    ursacht reproduzierbar gleiche Kosten"[1]) entsprochen wer-
    den, wenn in dem RZ mehrere ADV-Anlagen (ggf. sogar von ver-
    schiedenen Herstellern) unterschiedlicher Konfiguration und/
    oder Leistungsklasse installiert sind.

(2) Die für die einzelnen Abrechnungskomponenten definierten
    Leistungskennzahlen haben unterschiedliche physikalische
    Dimensionen und können daher auch nicht additiv miteinander
    verknüpft werden.

Sofern nicht für jede Abrechnungskomponente getrennt ein Preis
festgesetzt wird, müssen die verwendeten Abrechnungsgrößen auf
eine logische Stufe gestellt werden. Dazu werden die verschie-

---

1) Graef, Martin; Greiller, Reinald: Organisation und Betrieb
   eines Rechenzentrums. Stuttgart-Wiesbaden 1975, S. 442.

denen Leistungskennzahlen mittels geeigneter Gewichtungsfaktoren in (addierbare) Arbeitseinheiten umgerechnet. Durand führt
in diesem Zusammenhang Punkte ("standard computer activity")
als Arbeitseinheiten an. /16/
Hieraus können dann für alle Abrechnungskomponenten sogenannte
Verrechnungseinheiten ermittelt werden. Bspw. wird bei den Verrechnungseinheiten für die Zentraleinheiten deren unterschiedliche Leistungsfähigkeit durch entsprechende Leistungsfaktoren
berücksichtigt. Auf diese Weise werden kostenmäßige Vor- oder
Nachteile, die durch die vom RZ getroffene Rechnerauswahl entstehen können, von vorneherein ausgeschlossen. Wird etwa die
CPU-Zeit als wesentliche Abrechnungsgrundlage herangezogen, so
wird durch ein derartiges Preisgestaltungskonzept sichergestellt,
daß unabhängig von der jeweiligen Auswahl eine ADV-Systemlei-
stung stets mit dem gleichen Preis abgerechnet wird. Dabei muß
das Produkt von durchschnittlicher Laufzeit des Rechners und
Preis/Leistungsfaktor für jede ADV-Anlage ein gleiches Ergebnis
erzeugen.

Sofern die Preis/Leistungsfaktoren noch nicht bekannt sind, was
insbesondere für neu installierte Rechner zutrifft, können sie
entweder anhand von Erfahrungswerten festgesetzt oder durch Ver-
gleichsläufe ermittelt werden. Da Leistungsfaktoren nicht nur
als Hilfsmittel bei der Preisgestaltung für unterschiedlich leistungsstarke ADV-Anlagen sondern auch der Kapazitätsbestimmung
und damit der langfristigen Planung der ADV-Ressourcen dienen,
entsprechen die eingesetzten Leistungsfaktoren relativ exakt
den tatsächlichen Leistungsrelationen verschiedener Rechner./24/
Leistungsfaktoren für Zentraleinheiten beziehen sich auf eine
Zentraleinheit, bei "der eine CPU-Sekunde gerade einer Arbeitseinheit entspricht".[1]

Auch bei der Bildung von Verrechnungseinheiten für periphere
Geräte, die sich in Kosten und/oder Leistung voneinander unterscheiden, sollten ebenfalls entsprechende Ausgleichsfaktoren

---

1) Graef, Martin; Greiller, Reinald: Organisation und Betrieb
   eines Rechenzentrums. Stuttgart-Wiesbaden 1975, S. 442.

eingesetzt werden. /10/.

Die Verrechnungseinheiten sollten nicht dimensionslos sondern
- zur Erhöhung der Transparenz des ARV - mit einer Zeitdimension (z.B. Minute) versehen werden. Stahlknecht schlägt als Be-
zugsbasis die - zusätzlich zu erfassende - Einschaltzeit der
ADV-Anlage vor. /109/

Da bei den Verrechnungseinheiten die Leistungskennzahlen der
einbezogenen Abrechnungskomponenten nicht mehr alleiniger Maßstab für die Kostenabrechnung sind, wird dem Verrechnungsgrundsatz der Reproduzierbarkeit - zumindestens weitgehend - entsprochen. " ... a significant work unit related to the job per-
formed, and not to the machine performing the job ..."[1]

In den Anlagen 6 und 7 im Anhang sind Beispiele für mögliche
Ausgleichsfaktoren verschiedener Zentraleinheiten und für eine
Abrechnung über Verrechnungseinheiten enthalten.

6.1.3 Maßnahmen zum Ausgleich der Beeinflussung des Mehrprogrammbetriebes

Damit die Kostenabrechnung auf eine Grundlage von Ausgangswerten gestellt werden kann, "deren Höhe nur von den Anforderungen
des jeweiligen Programmlaufs beeinflußt wird",[2] sind neben einer betriebsmittelorientierten Leistungserfassung und Kostenabrechnung zusätzliche Maßnahmen erforderlich. Diese werden sowohl
in der Literatur als auch in der ADV-Praxis viel diskutiert und
sollen an dieser Stelle nur skizziert werden.

(1) Definition einer reproduzierbaren Zeitbasis

Programmverweilzeit und CPU-Zeit sind für einen Programmlauf
nur eingeschränkt als Abrechnungsbasis geeignet. Abgesehen von
den durch Mehrprogrammbetrieb bedingten Verzerrungen wird auch
bei der CPU-Zeit die Ein- und Ausgabeintensität eines Programmes

---

1) Durand, R.: Cost Analysis of Data Processing Centres. In:
   Economics of Informatics, hrsg. von A. B. Frielink. North
   Holland 1975, S. 25.

2) Lange, Peter; Lindner, Klaus; Massat, Dieter: Vorschlag für
   eine Kostenrechnung von Datenverarbeitungszentren. In: ÖVD,
   Heft 1/73, S. 24.

nicht hinreichend berücksichtigt. So kann bspw. ein rechenintensives Programm mit einer Verweilzeit von 1,5 Stunden den gleichen Bedarf an CPU-Zeit (z.B. 1 Stunde) haben wie ein ein- und ausgabeintensives Programm mit einer Verweilzeit von 10 Stunden. Daher wird eine theoretische, jedem Programmlauf zurechenbare Verweilzeit gebildet. /60/

Diese ist eine Funktion von Eigenschaften des Programms "selbst und normierten, konstanten, permanent herrschenden, durchschnittlichen Mehrprogramm-Umgebungseinflüssen"[1] und gibt an, wie lange ein Programm liefe, wenn es ungestört zum Ablauf käme. "The equivalent time should approximate the 'true' time a jobstep would spend in main-storage if it alone is using the machine".[2] Daher sollten auch aus Gründen der besseren Reproduzierbarkeit die Abrechnungskomponenten, deren Leistungskennzahlen mit einer Zeitdimension gewichtet werden, mit einer solchen (theoretischen) Zeitbasis bewertet werden. /63/

(2) Einteilung in Programmklassen

Je nach Eignung für einen optimalen Mehrprogrammbetrieb werden die Programme im Rahmen einer "Job-Profil-Analyse" in verschiedene Klassen eingeteilt: Klassifizierungskriterium ist der jeweilige Bedarf eines Programms an Zentralspeicher und peripheren Geräten. /35/ Bild 17 auf der folgenden Seite zeigt ein mögliches Klassifizierungsraster für Programmklassen. Die Klasseneinteilung dient dann als Kostenverteilungschema bei der Preisgestaltung. Die Anwendung dieses Verfahrens bleibt i.a. aber auf periodisch wiederkehrende Produktionsarbeiten beschränkt, da der manuelle Aufwand der Klassenzuordnung bei Testbetrieb zu hoch ist. Ansonsten wäre ein komfortableres "Job Accounting" erforderlich, das dann aber auch bessere Algorithmen zuließe. Außerdem lassen sich nicht alle Programme eindeutig einer Klasse zuordnen.

---

1) Braungardt, G.: Die Abrechnung von EDV-Leistungen unter besonderer Berücksichtigung des Multiprogramming. Broschüre des gleichnamigen Seminars der EDV-Akademie des Deutschen Instituts für Betriebswirtschaft. 4.Aufl., Tübingen, S. 17.

2) Landau, K.: Charging for Computer Usage with Average Cost Pricing. In: Angewandte Informatik, Heft 2/73, S. 49.

Bedarf an / Programmklasse	überproportionale Preissteigerung					
	1	2	3	4	5	6
Zentralspeicher — Leistungskennzahl: Kilobytes	25	5o	1oo	15o	2oo	3oo
Periphere Geräte — Leistungsmaßstab: Belegte Anzahl						
Magnetplatte	o	1	2	3	4	4
Magnetband	1	3	4	5	6	8
Lochkartenleser	o	1	1	1	1	1
Lochkartenstanzer	o	1	1	1	1	1
Lochstreifen-stanzer	o	1	1	1	1	1
Drucker	1	1	1	1	1	1

Bild 17: Mögliche Einteilung in Programmklassen

Es ist auch eine <u>weniger</u> <u>differenzierte</u> Klasseneinteilung mit bspw. nur drei Programmklassen denkbar:

<u>Programmklasse 1</u>: bis zu 2o Kilobytes und/oder bis zu 2 periphere Geräten

<u>Programmklasse 2</u>: bis zu 6o Kilobytes und/oder bis zu 7 peripheren Geräten

<u>Programmklasse 3</u>: alle Programme, die mehr Betriebsmittel als Programmklasse 2 benötigen

---

Vgl. hierzu : Graef, Martin; Greiller, Reinald: Organisation und Betrieb eines Rechenzentrums. Stuttgart-Wiesbaden 1975, S. 436.

Kalckhoff, G.; Kapp, H.; Riehn, R.: Führung von Rechenzentren. Schriftenreihe data praxis, München 1972, S. 26f.

(3) Einführung von Bewertungsfaktoren

Ein ARV, das sich bei der Preisbildung an Programmklassen orientiert, kann durch Bewertungsfaktoren (in Form von Zuschlagsmultiplikatoren und/oder Progressionsfaktoren) zusätzlich verbessert werden. Dazu wird die gesamte ADV-Anlage in die beiden Komponenten

    - Kapazität des Zentralspeichers
    - Kapazität der gesamten Peripherie

zerlegt und deren Auslastung jeweils getrennt bewertet. /56/
Der Leitgedanke des Bewertungsverfahrens besteht darin, Programme, die mindestens eine der beiden Komponenten voll auslasten, und damit die gesamte ADV-Anlage blockieren, mit dem höchsten Faktor zu bewerten. In der Literatur werden Formeln zur Berechnung der Bewertungsfaktoren angegeben. /35/

(4) Vergabe von Simultanpunkten

Mit einer Bewertung über Simultanpunkte an Programme kann ebenfalls deren Eignung für Mehrprogrammbetrieb aufgezeigt werden. Die Punkte ergeben sich "aus der unterschiedlichen Bewertung der einzelnen peripheren Geräte je nach Einzellaufzeit", Zentralspeicher- und Peripheriebedarf.[1]
Der wesentliche Nachteil dieses Verfahrens besteht - außer der mitunter willkürlichen Vergabe von Simultanpunkten - in einem erhöhten Leistungserfassungsaufwand. Eine detaillierte Darstellung findet sich in der Literatur. /35 56/
Sofern in einem RZ keines der o.a. Verfahren angewendet wird, werden ähnliche Maßnahmen zur Ausschaltung der "Multiprogramming-Degradation" durchgeführt. Zumindestens werden alle Programme, die einen optimalen Mehrprogrammbetrieb behindern, mit Kostenzuschlägen belastet. Dabei werden neben Zuschlagsmultiplikatoren auch Prioritätsfaktoren zum Ausgleich der Beeinflussung

---

1) Graef, Martin; Greiller, Reinald: Organisation und Betrieb eines Rechenzentrums. Stuttgart-Wiesbaden 1975, S. 441.

durch unterschiedliche Ausführungsprioritäten eingesetzt. Hiermit können bspw. die Belegungszeiten des Zentralspeichers gewichtet (multipliziert) werden.
Da derartige Maßnahmen meistens intuitiv und willkürlich - insbesondere bei der Vergabe von Simultanpunkten - sowie grundsätzlich immer im Hinblick auf die Auslastung der vorhandenen ADV-Anlage durchgeführt werden, enthalten sie zwangsläufig auch eine strategische Komponente zur Steuerung der Ressourcenbelegung.[1]

6.2 Zeitdimension

An dieser Stelle ist die Frage zu klären, welcher Zeitraum dem ARV zugrunde gelegt werden soll (Basiszeitraum) und welche Zeiten überhaupt einem Programmlauf angerechnet werden können (Abrechnungsfähige Zeit). /75/

6.2.1 Basiszeitraum

Das RZ muß einen geeigneten Basiszeitraum für die Kostenabrechnung wählen (z.B. Monat, Quartal, Geschäftsjahr). Bei einem relativ kurzfristigen Basiszeitraum bleibt gewährleistet, daß die für den Abrechnungszeitraum veranschlagten mit den tatsächlich entstandenen Kostensätzen weitgehend übereinstimmen. Anderenfalls ist z.B. bei einer Vorkalkulation für eine längere Zeitspanne die Festlegung der Kostensätze mit hohen Unsicherheitsfaktoren behaftet.[2]

6.2.2 Abrechnungsfähige Zeit

"Next, determine the time each component group is available to do productive work".[3] Dazu muß der Basiszeitraum um die nicht zurechenbaren, unproduktiven Zeiten bereinigt werden. Unproduktive Zeiten sind z.B.:

---

1) Vgl. 4.4 Anforderungen der Rechenzentren an Abrechnungsverfahren

2) Vgl. hierzu insbesondere 5.2.1 Vorkalkulation

3) Rettus, R. C.; Smith, R. A.: Accounting control of data processing. In: IBM Systems Journal, Vol. 11, No. 1 1972, S. 80.

- Zeit für (vorbeugende) Wartung bzw. Reparatur
- Zeit für (vom RZ) selbstverschuldete Wiederholungsläufe
- Ausfall- und Leerlaufzeiten
- "Multiprogramming-Degradation"

Die Differenz beinhaltet die abrechnungsfähige Produktivzeit. Diese wird umso höher, je mehr Betriebsschichten in dem RZ "gefahren" werden. /56/ Diese Zeitspanne wird der Festlegung von Kostensätzen und/oder Preisen zugrunde gelegt. /35/

6.3 Job Accounting

6.3.1 Definition

Job Accounting umfaßt die von programmbezogenen Ereignissen (z. B. Start- und Endtermin) abhängige Sammlung von ausgewählten Daten über wesentliche Abläufe und Interdependenzen in einer ADV-Anlage in chronologischer Reihenfolge "und ihre Strukturierung und Sicherung in einer wohldefinierten Schnittstelle, auf die (benutzereigene) Auswertungsprogramme zum Zweck der retrospektiven Leistungsmessung und -abrechnung zugreifen können".[1] Da ein ARV nur so gut sein kann wie die in es einfließenden Eingangsgrößen, sind die an Job Accounting gestellten Anforderungen mit denen an ARV weitgehend identisch.

6.3.2 Anforderungen

Accounting-Routinen sollen signifikante und repräsentative Daten über die verbrauchten Leistungen verschiedener Programme mit unterschiedlichen Betriebsmittelanforderungen (z.B. rechenintensive und ein- und ausgabeintensive Programme) für die Abrechnung von ADV-Systemleistungen bereitstellen. /26/ Die aufgezeichneten Meßwerte können entweder in Zeiteinheiten (z.B. CPU-Zeit) oder in Häufigkeitswerten (z.B. Anzahl Datenzugriffe) vorliegen. Dabei sollten die Meßwerte in "Anzahl und

---

1) Hansen, Hans, Robert; Röhrs, Heinz-Peter: Abrechnungsverfahren in Grossrechner-Betriebssystemen. Ein Vergleich. In: Abrechnung von Rechenzentrums-Dienstleistungen, hrsg. von Mertens, Peter u.a.. München 1978, S. 30.

Genauigkeit einer verursachungsgerechten Kostenzuordnung genügen".[1]

Die Forderung nach reproduzierbaren Kosten setzt implizit voraus, daß

(1) die Leistungserfassungssysteme grundsätzlich einheitliche Meßwerte erzeugen,

(2) die generierten Abrechnungsdaten nicht von den spezifischen Ablaufkonstellationen abhängig sondern zu jedem Zeitpunkt und uneingeschränkt (also unabhängig von der Anlagenauslastung und dem jeweiligen Betriebssystemzustand) reproduzierbar sind.

Graef und Greiller haben allerdings festgestellt, daß die Parameter von Accounting Routinen der verschiedenen Betriebssysteme und damit auch die als Abrechnungsbasis herangezogenen Leistungskennzahlen sehr unterschiedlich ausfallen. "Einmal wird z.B. die Anzahl der Ein/Ausgabevorgänge (EXCP) registriert, ein anderes Mal werden die Kanalbelegungszeiten erfaßt und ein drittes Betriebssystem sieht überhaupt keine Registrierung von Ein/Ausgabe-Leistungsdaten vor".[2]

Dadurch wird die Anwendung einheitlicher Abrechnungsalgorithmen und eine Vereinheitlichung der Kostenabrechnung nahezu unmöglich. /10/ Selbst auf leistungsgleichen ADV-Anlagen (verschiedener Hersteller) können einem Programmlauf unterschiedlich hohe Kosten angelastet werden.

Da viele Meßwerte nicht zwangsläufig die Qualität (insbesondere nicht die Transparenz) eines ARV erhöhen - es besteht dann vielmehr die Gefahr einer Produktion von Informationslawinen und Zahlenfriedhöfen - sollte die Anzahl der aus den Job-Accounting-Routinen heranzuziehenden Größen auf das Maß reduziert werden, mit dem den Anforderungen nach einer leistungsproportionalen,

---

1) Schmitt, Hans-Jürgen: Rechenzentren: Kostenverteilung bei Multiprogramming-Betrieb. In: Bürotechnik + Automation, Heft 12/77, S. 52f.

2) Graef, Martin; Greiller, Reinald: Organisation und Betrieb eines Rechenzentrums. Stuttgart-Wiesbaden 1975, S. 414.

transparenten, präzisen und reproduzierbaren Kostenabrechnung
weitgehend entsprochen werden kann.[1] Kiessling stellt eine
Accounting-Routine vor, die sowohl alle ADV-Systemleistungen in
einer einheitlichen Meßgröße (SUP= Standard Unit of Processing)
angibt als auch den o.a. Anforderungen weitgehend gerecht werden kann. /59/ Die wichtigsten 10 Anforderungen an Accounting-
Routinen sind in Anlage 8 zusammengefaßt.

6.3.3 Erfassung, Aufbereitung und Auswertung von Abrechnungsdaten

Da eine maschinelle Leistungserfassung elementare Voraussetzung
für die Realisierung eines leistungsproportionalen ARV ist, muß
geprüft werden, "ob und in welchem Umfang die erforderlichen
und gewünschten Daten erfaßt werden".[2]

Die von den Accounting-Routinen aufgezeichneten abrechnungsrelevanten Daten werden für ihre weitere Verwendung oft "mit einem
spezifischen Interfaceprogramm geprüft, selektiert, zu einheitlichen Sätzen formatisiert und fortgeschrieben".[3] Ein typisches
Beispiel für die Formatisierung von Abrechnungsdatensätzen ist
die Accounting-Routine SMF (System Management Facility von IBM).
Die abrechnungsrelevanten Daten können aber auch zu bestimmten
Zeitpunkten (z.B. Ende eines Programmschritts) aus einer zuvor
(vom Supervisor) generierten Tabelle auf Band oder einen Bereich
des Systemplattenstapels abgespeichert werden. Auf diese Weise
arbeitet das Job Accounting bei DOS/VS (Disk Operating System/
Virtual System von IBM).

Mitunter wird zusätzlich eine Job-Stammdatei aufgebaut, deren
Sätze bei Testprogrammen "anhand der Angaben aus dem Testauf-
trag, bei Produktionsprogrammen aus der Bedienungsanleitung

---

1) Vgl. 4.5 Anforderungen der Benutzer an Abrechnungsverfahren

2) Graef, Martin; Greiller, Reinald: Organisation und Betrieb
   eines Rechenzentrums. Stuttgart-Wiesbaden 1975, S. 414.

3) Trampedach, Kurt: Entwicklung und Einführung eines konzern-
   einheitlichen Informations- und Verrechnungspreissystems für
   Rechenzentren. In: Abrechnung von Rechenzentrums-Dienstleistungen, hrsg. von Mertens, Peter u.a. München 1978, S. 105.

generiert werden".[1] Ein Satz dieser Datei enthält wesentliche
Angaben für die Verrechnung eines Programms (z.B. CPU-Bedarf,
Peripheriebedarf, Kostenstelle, Benutzer, Anwendungsgebiet).
Mit der Aufbereitung (Strukturierung) von Abrechnungsdaten ist
i.a. eine Komprimierung der in den speziellen Dateien gesicher-
ten Daten verbunden. Mit Hilfe entsprechender Verdichtungsrou-
tinen können akkumulierte Werte zusammengefaßt bzw. in unterschiedlichen Genauigkeitsgraden ausgegeben werden. /25/
Dabei werden in den Komprimierungsläufen die für die späteren
Auswertungen nicht benötigten Einträge weggelassen. /5/ Sofern
die Abrechnungsdaten in komprimierter Form (um Platz zu sparen)
vorliegen, müssen sie vor einer weiteren Verarbeitung (Auswertung) dekomprimiert werden.
Auf die somit modifizierten Dateien können dann alle weiteren
Auswertungsläufe aufsetzen. /40/

Die aufgezeichneten Daten sind aber nicht nur für Abrechnungszwecke verwendbar. Sie sind vielmehr auch als Systemnutzungsinformationen wesentliche Indikatoren für das Systemverhalten.
SMF liefert bspw. neben den Aufzeichnungen für Abrechnungszwek-
ke in zusätzlichen Datensätzen:

- Informationen über Dateiaktivitäten
- Informationen über Datenträger
- Informationen über die Anlagennutzung
- Informationen über Subsystem-Aktivitäten /66/

Die Anlage 11 im Anhang enthält eine Übersicht der für Abrechnungszwecke verwendeten Satzarten von SMF.
Zusätzlich bedarfsweise einsetzbare Auswertungsprogramme erstel-
len Auslastungs- und Belegungsprofile der gesamten ADV-Anlage
bzw. einzelner -Komponenten sowie differenzierte Übersichten für
Abrechnungszwecke. Diese können bspw. nach Benutzern, Anwendungsgebieten und Abrechnungsbereichen aufgegliedert sein.[2]

---

1) ebenda

2) Vgl. hierzu Teil (2) der Anlage 12 im Anhang

Vielfach führen Auswertungsprogramme auch verschiedene Plausibilitätskontrollen der Abrechnungsdaten durch: Dabei werden insbesondere die einzelnen Einträge auf zeitliche Kontinuität geprüft. Die durch solche "Job Accounting Interfaces durchgeführten Maßnahmen zur Datenvalidierung (Prüfung auf richtige Start/ Stopzeiten von Jobsteps, Prüfung auf richtiges Laufdatum für Jobs, die gegen Mitternacht abgewickelt werden, Prüfung auf gültige Löschcodes, Angabe der CPU-Identifikation für alle Daten) kommen den Benutzern entgegen, "die Vollständigkeit und Sicherheit der Accounting-Daten verlangen".[1]

Aufgrund der unterschiedlichen Auswertungsbedürfnisse der verschiedenen RZ werden die Auswertungsprogramme auch nicht standardmäßig eingesetzt. Die Auswertung der Abrechnungsdaten erfolgt vielmehr periodisch und aperiodisch nach den unterschiedlichsten Kriterien.
Vor der endgültigen Kostenbelastung der Benutzer sind die generierten Abrechnungsdaten in Probe- und Vergleichsläufen auf ihre Richtigkeit hin zu überprüfen. Auf der Basis der so gewonnenen Abrechnungsdaten werden den Benutzern dann in bestimmten Perioden (z.B. monatlich) Rechnungen (oft mit speziellen Rechnungsschreibungsprogrammen) ausgestellt.

---

1) Feitelson, B.; Grabedunkel, E.: JARS - Das Job Accounting Report System für das Rechenzentrum. In: Das Rechenzentrum, Heft 1/79, S. 29.

7 Vergleichende Analyse ausgewählter Abrechnungsverfahren

In den vorangegangenen Ausführungen sind die wesentlichen RZ-Typen vorgestellt und deren Abrechnungssituation jeweils grob skizziert worden. Werden die spezifischen internen und umfeldabhängigen Abrechnungsmerkmale verschiedener RZ miteinander kombiniert, so ergibt sich daraus ein breitgestreutes Spektrum von Abrechnungsvarianten: de facto gibt es damit so viele ARV wie RZ. /35/

Im folgenden wird analysiert, inwieweit ausgewählte ARV den - weiter oben bereits angeführten - Verrechnungsgrundsätzen gerecht werden können.[1]

7.1 Kriterienkatalog der Verrechnungsgrundsätze

Der Beurteilung liegt der u.a. Kriterienkatalog zugrunde. Hierin sind die wesentlichen Verrechnungsgrundsätze und untergeordnete Kriterien zusammengefaßt.

(1) **Leistungsproportionalität**
   - betriebsmittelorientierte Leistungserfassung
   - Art und Anzahl der verwendeten Abrechnungsgrößen
   - Kostenzuordnung indirekt belegter Restkapazitäten

(2) **Transparenz**
   - Einfachheit und Verständlichkeit von Verrechnungssystematik und Abrechnungsalgorithmus
   - (Überbetriebliche) Überprüf- und Vergleichbarkeit
   - Definition und Dokumentation des ARV
   - Aufgliederung nach Aufgabentyp und Anwendungsbereich

(3) **Präzision**
   - Genauigkeit der Leistungserfassung
   - Anzahl der berücksichtigten ADV-Komponenten
   - Güte der verwendeten Leistungskennzahlen und -maßstäbe

---

1) Vgl. 4.5 Anforderungen der Benutzer an Abrechnungsverfahren

(4) <u>Reproduzierbarkeit</u>
- zeitliche Konsistenz und Stabilität (Unabhängigkeit von Betriebsmittelzuteilung und Abrechnungsmodus)
- Grad der Reproduzierbarkeit (Reproduzierbarkeit der generierten Abrechnungsdaten)
- Schwankungsbreite (untere und obere Toleranzgrenzen)
- Einheitliche Leistungsmaßstäbe (Verrechnungseinheiten)

7.2 <u>Ausgewählte Typen von Abrechnungsverfahren</u>

Trotz intensiver Bemühungen war es dem Verfasser dieser Arbeit nicht möglich, umfassende und detaillierte Beschreibungen und/oder Informationen über Einzelheiten konkret angewandter ARV zu erhalten. Die Anschreiben an einige (herstellerabhängige) Service-RZ blieben unbeantwortet. Auskünfte, die über die Grundphilosophie eines ARV hinausgehen, konnten grundsätzlich nicht gegeben werden, da eine exakte Analyse eines ARV Einblicke in die Kostenkalkulation des Herstellers sowie in strategische und politische Maßnahmen im Rahmen der Kostenabrechnung ermöglichen. Erfolglos bzw. unergiebig waren auch zahlreiche Anfragen bei den Marktführern (BURROUGHS, CONTROL DATA, HONEYWELL BULL, IBM, SIEMENS, SPERRY UNIVAC). Die Informationen ausgewählter, dem Verband Deutscher Rechenzentren (VDRZ) angeschlossenen RZ und einiger Hochschul-RZ erschienen dem Verfasser als Grundlage für eine vergleichende Analyse von ARV auch nicht ausreichend.

Daher können die im folgenden vorgestellten ARV auch nur in ihren wesentlichen Grundzügen charakterisiert werden. Mit den drei ausgewählten ARV kann auch nicht das gesamte Spektrum von Abrechnungsmöglichkeiten abgedeckt werden; sie enthalten aber abrechnungstechnische Charakteristika, die neben den systemtechnisch bedingten (z.B. Betriebssystem und Accounting-Routine) insbesondere durch die unterschiedlich ausgeprägten umfeldabhängigen Abrechnungsmerkmale (ökonomische Ziele, Funktionen und Organisationsform) gekennzeichnet sind. Sie können somit für bestimmte RZ-Typen als - wenn auch eingeschränkt - charakteristisch angesehen werden.

7.2.1 Beispiel für ein Verfahren zur Abrechnung von ADV-Systemleistungen in unternehmensinternen RZ. - Das Abrechnungsverfahren des Großversandhauses Quelle -[1]

Das zentrale RZ von Quelle ist mit zwei leistungsfähigen Universalrechnern des Marktführers (1x IBM /370-158, 1x IBM /370-168) und einer umfassenden Platten- und Bandperipherie ausgerüstet. Diese ADV-Konfiguration wird durch weitere Datenstationen an dezentralen DV-Stellen ergänzt und steht einer Vielzahl (ausschließlich) unternehmensinterner Benutzer (Fachabteilungen) zur Verfügung. Das Aufgabenprofil wird im wesentlichen durch periodische Aufträge mit starrem Zeit-/Mengengerüst determiniert, was abrechnungstechnisch (bei der Kalkulation) keine Schwierigkeiten bereitet. Allerdings müssen bei der Kostenabrechnung auch periodisch abzuwickelnde und/oder Anwendungsprogramme mit (noch) unbekannten Betriebsmittelanforderungen berücksichtigt werden. Daher ist im RZ von Quelle eine Verrechnungssystematik konzipiert worden, die den abrechnungstechnischen Besonderheiten eines derartigen Aufgabenmix Rechnung trägt. Der Abrechnungsmodus wird vorwiegend durch den Aufgabentyp bestimmt und erfolgt auf der Basis vier verschiedener Preisarten, die unterschiedlich oft angewendet werden:

Preisarten	Anteile (in %)
(1) Zurechnungspreise	30
(2) mengenabhängige Preise ⎫ Standardkosten	
(3) Festpreise ⎭	45
(4) Vollkosten	25

Zu (1): "Unter Zurechnungspreisen" ist die Abrechnung bestimmter Hardware auf spezielle Anwendungen und damit auf bestimmte Fachbereiche zu verstehen (z.B. POS-Systeme[2] in den Warenhäusern und

---

1) Da aufgrund permanenter Modifizierungen (noch) keine Dokumentation des ARV vorliegt, beziehen sich die folgenden Ausführungen im wesentlichen auf den Vortrag von Herrn Dr. Schrader im Rahmen des Anwendergesprächs "Abrechnung von Rechenzentrums-Dienstleistungen" in Erlangen-Nürnberg, vgl. /99/

2) POS = Point Of Sale

Verkaufsstellen). Durch die permanente Ausweitung der "on-line-Aufgaben" hat der Anteil der über Zurechnungspreise verrechneten Kosten zugenommen.

Zu (2): Mengenabhängige Preise sind solche Preise, die sich auf maßgebliche ("markante") Ein- und Ausgabemengen beziehen "und in Abhängigkeit von diesen Größen variabel sind." Unter diesen Abrechnungsmodus fallen die Anwendungsprogramme, deren Betriebsmittelanforderungen bereits bekannt sind. Die durch die Inanspruchnahme verschiedener ADV-Komponenten verursachten Kosten werden dann anteilig auf benutzerspezifische Abrechnungsparameter umgerechnet. Bspw. werden die Kosten für Programme zur Lieferscheinschreibung nach einer Preisliste mit Mengenstaffel bzgl. Anzahl der Lieferscheine abgerechnet. Andere Beispiele sind die bereits weiter o.a. Rechnungen und Buchungszeilen.

Zu (3): Unter Festpreisen sind Preise zu verstehen, "deren Laufzeiten nicht von signifikanten" Ein- oder Ausgabemengen abhängen. Diese Abrechnungsart wird angewendet bei periodisch anfallenden Anwendungsprogrammen mit konstantem Zeit-/Mengengerüst (z.B. monatliche Fuhrparkabrechnung). Hierbei werden die Programmläufe zu konstanten Preisen verrechnet.
Ebenso wie bei den unter (2) angeführten mengenabhängigen Preisen handelt es sich auch hier um "Standardkosten" bzw. "Standardpreise". "Sie werden ermittelt, in dem die betreffenden Programmläufe über einen längeren Zeitraum hinweg beobachtet und mit bestimmten Kalkulationssätzen bewertet werden." Auf diese Weise hat auch der Anteil der über "Standardpreise" verrechneten ADV-Systemleistungen im Zeitablauf deutlich zugenommen.

Zu (4): Unter Vollkosten ist ein Abrechnungsmodus zu verstehen, "bei der die gemessenen Systemleistungen (in Form von SMF-Daten) mit den ermittelten Preisen für die einzelnen Verrechnungskomponenten (wie CPU-Zeit, Speicherzugriffe, Druckzeilen) bewertet werden." Zu Vollkosten werden alle Testläufe und Sonderauswertungen sowie alle (neuen) Anwendungsprogramme mit veränderlichen und/oder im Voraus unbekannten Betriebsmittelanforderungen solange abgerechnet, bis sich aus der Beobachtung Anhaltspunkte

für eine Abrechnung nach mengenabhängigen Preisen oder Festpreisen (also "Standardpreisen") ergeben.
Zur Erfassung der abgegebenen ADV-Systemleistungen wird die Job-
Accounting-Routine SMF von IBM eingesetzt. Die hiermit aufgezeichneten Meßwerte der einzelnen ADV-Komponenten dienen allerdings
primär der Leistungs- und Kostenkontrolle und nur sekundär der
Leistungs- und Kostenabrechnung. Das kommt darin zum Ausdruck,
daß bei der Kalkulation und Preisgestaltung nur ein Teil der
registrierten Meßwerte als Abrechnungsdaten verwendet wird.
Dabei wird zur der Preisermittlung wie folgt vorgegangen:

(1) Die Gesamtkosten der verschiedenen ADV-Komponenten (CPU,
Magnetplatten- und Magnetbandeinheiten, Drucker usw.) werden
bestimmten Anwendungen (bezeichnet als Anwendungen A, B, C ...)
und den Leistungskennzahlen der jeweiligen Abrechnungskomponenten (CPU-Zeit, Anzahl Speicherzugriffe, Druckleistung usw.) zugeordnet. Dabei werden die Kosten für die CPU-Belastung ein-
schließlich Zentralspeicherbelegung vollständig über die CPU-
Leistung abgerechnet. Die Kostenkomponente der externen Speicher
(Magnetband-, Magnetplatteneinheiten) wird anteilsmäßig bestimmten Anwendungen (residente Dateien, Log-Files usw.) zugeordnet
bzw. über die CPU-Leistung abgerechnet (z.B. Plattenbelegung für
Systemsoftware). Der Hauptteil der Kosten externer Speicher wird
aufgrund der registrierten Speicherzugriffe abgerechnet.

(2) Die summierten (Hardware-) Kosten werden um einen Gemein-
kostenzuschlag für Personal-, Raum- und Betriebskosten erhöht.
Dieser Zuschlag ist so bemessen (ca 80%), daß die gesamten Kosten des RZ abgedeckt werden.

(3) Die so ermittelten Gesamtkosten der Anwendungen A, B, C ...
werden dann den betreffenden Fachabteilungen in monatlichen Teil-
beträgen in Rechnung gestellt (Zurechnungspreise).

(4) Es werden Annahmen über die Planleistung der CPU getroffen.
Die summierten Kosten, die über die CPU-Leistung verrechnet werden sollen, werden durch die geplante CPU-Zeit dividiert. Hieraus resultiert ein Verrechnungspreis je CPU-Sekunde.

(5) Der unterschiedlichen Leistungsfähigkeit der beiden Zentraleinheiten wird durch Bildung entsprechender Ausgleichsfaktoren
Rechnung getragen; hierfür können entweder Ergebnisse aus Vergleichsläufen und/oder Erfahrungswerte herangezogen werden. "In
entsprechender Weise werden Verrechnungspreise je 100 Speicherzugriffe und 100 Druckzeilen ermittelt".

(6) Die so ermittelten Verrechnungssätze für CPU-Zeit, Speicherzugriffe und Druckleistung werden zur Kalkulation der Festpreise und der mengenabhängigen Preise herangezogen. Bei der Vollkostenrechnung wird - aus Gründen der besseren Handhabung - nur
noch über die CPU-Zeit abgerechnet. Dadurch ist der Preis für
die CPU-Sekunde etwas höher geworden und deckt die Speicher- und
Druckkosten mit ab.

Die Ermittlung der Verrechnungspreise erfolgt jährlich auf der
Basis von geplanten Kosten und Leistungen. Sofern bspw. infolge
von Modifikationen der ADV-Konfiguration die tatsächliche Anlagenauslastung von der geschätzten Auslastungsentwicklung stark
abweicht, werden die hieraus resultierenden Kostenüber- bzw.
Kostenunterdeckungen den Fachabteilungen (im Laufe der Abrechnungsperiode) in Form von Gutschriften bzw. Nachbelastungen angerechnet. Es sind in der Praxis allerdings nur Fälle bekannt,
in denen einzelne Verrechnungspreise korrigiert und den betrof-
fenen Fachbereichen gezielt Gutschriften erteilt wurden.
Dabei wird eine Korrektur der Verrechnungssätze im Rahmen einer
(internen) Nachkalkulation bei Überschreiten der Toleranzgrenze von ± 5% erforderlich.

Aufgrund des ständig verbesserten Preis-Leistungs-Verhältnisses
der Hardware konnten die Kosten für ADV-Systemleistungen im RZ des
Großversandhauses Quelle innerhalb der letzten Jahre stark reduziert und über sinkende Verrechnungspreise (jährlich zwischen
10 und 20%) an die Fachabteilungen weitergegeben werden.

**7.2.2 <u>Beispiel für ein Verfahren zur Abrechnung von ADV-System-
leistungen in einem Instituts-RZ mit einem "time-sharing-
System". - Das Abrechnungsverfahren von MIT -</u>**[1]

Die ADV-Systemleistungen des Massachusetts Institute of Tech-
nology (MIT) stehen einem fest umrissenen Benutzerkreis mit vorwiegend technisch-wissenschaftlichen Aufgaben zur Verfügung
und werden nicht kommerziell genutzt. Selwyn, der das ARV für
die "time-sharing-Anlage" mitentwickelt und implementiert hat,
führte es allerdings nach einigen Modifikationen auch in einem
kommerziellen Service-RZ ein. /106/
Für den Abrechnungsmodus und die Preisgestaltung ist entscheidend, welche der u.a. ADV-Anlagen beansprucht wird:

    (1) ADV-Anlage für Stapelverarbeitung
    (2) ADV-Anlage für Zeitabschnittsbetrieb

Zu (1): Die Abrechnungsversion hierzu ist gekennzeichnet durch
ein extrem elastisches Preisgefüge mit Verrechnungspreisen, die
von der momentanen Nachfrage und damit von der jeweiligen Kapazitätsauslastung abhängen. Der Preisverlauf ist kurzfristig variabel und nicht einmal für die nächsten 24 Stunden prognosti-
zierbar. Die Preise werden - etwa stündlich - neu festgesetzt
und den Benutzern in Form einer Preisliste mitgeteilt. Durch
seine unvoraussehbaren und schnell fluktuierenden Preise wird
dieses Verrechnungspreissystem damit auch ein effizientes Instrument der Kostenkontrolle und Kapazitätspolitik für RZ.
Der Aufgabenart und -dringlichkeit wird durch ein gestaffeltes
Preis- und Prioritätssystem entsprochen: es gibt insgesamt sie-
ben Preis- und Prioritätsstufen. Abrechnungsbasis ist die maschinell erfaßte Rechnerkernbelegungszeit und die Inanspruchnahme peripherer Einheiten.

---

1) Die folgenden Ausführungen sind angelehnt an:
   Poensgen, Otto H.: Zuteilung und Verrechnung von Leistungen
   des Rechenzentrums. In: Industrielle Organisation, 42. Jg.
   1973, Nr. 9, S. 402-406.

   Ders.: Verrechnungspreise als Instrument zur Kostenkontrolle
   und Kapazitätsplanung in Rechenzentren. In: Abrechnung von
   Rechenzentrums-Dienstleistungen, hrsg. von Mertens, Peter u.
   a..München 1978, S. 9-26.

Zu (2): Die Preisbildung für die "time-sharing-Anlage" ist weniger elastisch: es werden lediglich die tages- bzw. wochenbedingten Auslastungsschwankungen durch unterschiedliche Preise für Tag-, Abend-, Nacht- und Wochenendschichten berücksichtigt. Eine Preiskorrektur findet nur über einen "längeren" Abrechnungszeitraum (bspw. Wochen, Monate) statt und auch nur dann, wenn sich herausstellt, daß die Abgrenzung der Betriebsschichten nicht zu einer optimalen Anlagenauslastung führt.

Wesentliche Abrechnungskomponente ist der Zentralprozessor, dessen Belegungszeit von einem Leistungserfassungssystem maschinell aufgezeichnet wird. Neben der CPU-Zeit werden zusätzlich in Anspruch genommene Speicher und die aktive Anschlußzeit peripherer Geräte berechnet. Zusätzlich werden die Benutzer in verschiedene Klassen eingeteilt: je nach Aufgabenart und -dringlichkeit werden auch hier unterschiedliche Prioritäten zugewiesen.

Beide Abrechnungsversionen liefern für die Kapazitätsplanung wertvolle Hinweise zur Auslastung der einzelnen ADV-Komponenten und sind damit ein effizientes Instrument der Kostenkontrolle und Kapazitätspolitik im RZ von MIT. /14/
Da in beiden Versionen das ARV mit dem Preis als Steuerungsinstrument (trotz eines differenzierten Preisgefüges) nicht auskommt, müssen die Nutzungsmöglichkeiten des Benutzers - insbesondere bzgl. Zentralprozessor und/oder -speicher - begrenzt werden. Durch eine derartige Rationierung wird verhindert, daß zahlungskräftige Benutzer im Bedarfsfall die anderen verdrängen. "Nur Restriktionen und Preissystem zusammengenommen stellen sicher, daß die Benutzer einen möglichst geringen Preis zahlen, Kosten und Zeit mit der nötigen Sicherheit verplanen können und sich im Interesse des Ganzen verhalten."

Die verbrauchten Rechnerleistungen werden von den - den Benutzern (auf Antrag) eingeräumten Konten - maschinell abgebucht. Im Hinblick auf die Verbuchungsmodalitäten ähnelt dieses ARV damit dem Kontingentierungsverfahren an deutschen Hochschul-RZ.

7.2.3 <u>Beispiel für ein Verfahren zur Abrechnung von ADV-System-leistungen in marktorientierten Service-RZ. - Das Abrech-nungsverfahren von Wiorkowski</u> -[1]

Dieses ARV ist - nach Aussagen der Autoren so konzipiert, daß es den Anforderungen einer (verursachungs-) gerechten, repro-duzierbaren und realistischen Kostenabrechnung genügt.
Die Beeinflussung des Mehrprogrammbetriebs (insbesondere auf-grund variabler Programmbündel) sowie die zusätzlichen ADV-Komponenten und Einrichtungen der Datenfernverarbeitung sind kostenrechnerisch berücksichtigt worden.
Da hier außerdem die beanspruchten ADV-Systemleistungen - mehr oder weniger - präzise erfaßt, eignet es sich von Grundkonzep-tion her für marktorientierte Service-RZ mit einem Aufgabenmix, bei dem alle ADV-Kapazitäten in unterschiedlicher Intensität und nicht in einer vorbestimmten Weise beansprucht werden. Die unternehmensindividuelle (z.B. ökonomische) Situation eines RZ kann bei Anwendung eines derartigen ARV durch verschiedenartige Kostenschemata und/oder Gewinnaufschläge berücksichtigt werden.

Die abzurechnenden ADV-Komponenten werden in "Abrechnungsgrup-pen" ("cost-charge-categories") zusammengefaßt. Sofern der Lei-stungsverzehr nicht über Ein- und Ausgabemengen (wie bspw. bei Kartenleser, -stanzer) abgerechnet werden kann, liegen der Preisermittlung für alle Abrechnungsgruppen dieselben Formeln zugrunde:

$$(1) \qquad R = \frac{C}{P \times T \times U}$$

$$(2) \qquad CC = R \times T \times U$$

<u>Erklärungen:</u>
R = Rate per unit of time per unit of resource.
C = Total cost of all resources in a category.

---

1) Die folgenden Ausführungen orientieren sich an:
   Wiorkowski, Gabrielle K. und John J.: A Cost Allocation
   Model. In: Datamation, Heft 8/73, S. 61f.

P = Percent usage. (Auf diese Weise wird die Abhängigkeit der Preisermittlung von der Anlagenauslastung ausgewiesen)

T = Unit of time

U = Unit of resource.

CC= Charge

Wesentliche Abrechnungsgruppen sind z.B.:

- Kilobyte-Stunden
- Ein-/Ausgabe (Band, Platte)
- "on-line-Plattenspeicher"
- "on-line- und off-line-Drucker"
- Anschluß (von Datenstationen bei Datenfernverarbeitung).

Bis auf wenige Ausnahmen (bspw. "on-line-Datenbestand") werden alle abrechnungsrelevanten Daten von SMF oder ähnlichen Accounting-Routinen bereitgestellt. Zur detaillierten Spezifizierung des ARV von Wiorkowski werden auf den nächsten Seiten tabellarisch alle Abrechnungsgruppen sowie die ihnen zugeordneten Abrechnungskomponenten und Einrichtungen sowie Abrechnungsmodi aufgelistet.

Abrechnungsgruppen ("cost-charge catego-ries")	Zugeordnete Abrechnungskomponenten und Einrichtungen ("equipment")	Abrechnungsmodus (Verrechnungssätze für)
(1) Kilobyte-Stunden[1]	Zentralprozessor, -speicher, Konsolen, Kabel und alle für der Betrieb der Zentraleinheit zusätzlich erforderlichen Einrichtungen	Kilobyte-Stunden
(2) "On-line Drucker"	Drucker, Steuereinheiten, Multiplexkanal, Papierverbrauch	Anzahl ausgedruckter Zeilen (Dimension:1ooo)
(3) "Off-line Drucker"	Drucker, Steuereinheiten, Papierverbrauch, Anteil der zum Drucken erforderlichen Bandressourcen[2]	vgl. (2)
(4) Kartenleser und -stanzer	Kartenleser bzw. -stanzer, Steuereinheiten, Multiplexkanal, Materialverbrauch	Anzahl eingelesener bzw. ausgestanzter Karten (Dimension:1ooo)
(5) Ein-/Ausgabe (Platte)	Plattenlaufwerk mit einem Plattenstapel, Steuereinheiten	Anzahl gelesener und/oder geschriebener Datenblöcke[3]
(6) Ein-/Ausgabe (Band)	Bandlaufwerke mit einem Band (pro Laufwerk), Steuereinheiten	vgl. (5)[4]
(7) "On-line Plattenspeicher"	Plattenlaufwerke mit einem Plattenstapel, Steuereinheiten	Belegungszeit (Dimension:Stunde)
(8) "Off-line Plattenspeicher" und "Off-line Bandspeicher"[5]	Plattenstapel und Bänder	Anzahl benutzter Platten und Bänder
(9) "On-line Datenbestand" (allgemein verfügbar, z.B. bei "time-sharing	vier Plattenlaufwerke, -stapel und Anteil der Steuereinheiten	Belegungszeiten (Dimension:Tag) x Anzahl belegter Spuren

| (1o) Anschluß (von Datenstationen [6] bei Datenfernverarbeitung) | Steuereinheiten der Datenstationen, Leitungsanschluß, Modems, "incoming lines" | Anschlußzeit (Dimension: Stunde) |

Bild 18 : Abrechnungsgruppen, zugeordnete Abrechnungsgrößen und -modi

1) bei Anwendung der virtuellen Speichertechnik kann - insbesondere bei exzessivem Systemoverhead - diese Abrechnungsgruppe auf die ausschließliche Abrechnung des Zentralprozessors (CPU-Zeit) reduziert werden.

2) zu den Kosten für die Anzahl ausgedruckter Zeilen eines "On-line Druckers" ist zu addieren:
$$\frac{\text{Kosten für Ein-/Ausgabe Band}}{\text{Anzahl Zeilen eines durchschnittlichen "Druckbandblocks"}}$$

3) zuvor muß allerdings die durchschnittlich benötigte Zeit zum Schreiben oder Lesen eines Datenblocks ermittelt werden.

4) die durchschnittlich benötigte Zeit zum Schreiben oder Lesen eines Datenblocks ist hier allerdings geringer als bei (5).

5) die Autoren unterscheiden also zwischen den Kosten für direkt abrufbare Daten und denen für die gesamte Speicherkapazität, die durch Nutzungsgrad und Multiplizität der vorhandenen Speichermedien (Platten, Bänder) gegeben ist.

6) die Kosten für unterschiedliche Datenstationen weisen signifikante Unterschiede auf; dementsprechend differenzieren die Autoren auch bspw. zwischen RJE-Datenstationen und solchen, die i.a. bei "time-sharing-Systemen" (insbesondere Auskunftssystemen) eingesetzt werden.

7.3 Vergleichende Analyse bezüglich der Verrechnungsgrundsätze

Die vergleichende Analyse der o.a. ARV muß im wesentlichen auf
die übergeordneten Kriterien des in 7.1 vorangestellten Kataloges beschränkt bleiben, da die zusammengetragenen Informationen
nicht immer eine detaillierte Beurteilung zulassen.

(1) Leistungsproportionalität

Alle drei ARV ermöglichen eine leistungsorientierte Kostenabrechnung von ADV-Systemleistungen; es gibt allerdings graduelle Unterschiede, die aus verschiedenen Voraussetzungen resultieren. Eine
leistungsproportionale Abrechnung ist daher nicht immer gegeben.
Dem ARV des RZ von Quelle liegt ein differenziertes, betriebsmittelorientiertes Leistungserfassungssystem (SMF) zugrunde: die
aufgezeichneten Daten werden aber nicht (Ausnahme: CPU-Zeit) für
Abrechnungszwecke aufbereitet, sie sind vielmehr ein Instrument
zur internen Leistungskontrolle und Überprüfung der Systemeffizienz. Sofern die Programme zu Vollkosten abgerechnet werden
(Abrechnungsbasis ist dann nur die beanspruchte CPU-Zeit), kann
dem Verrechnungsgrundsatz der Leistungsproportionalität nur eingeschränkt entsprochen werden.
In den Fällen der Abrechnung von Zurechnungs- bzw. Standardpreisen ist ein Abrechnungsmodus realisiert worden, mit dem bei minimalen Verwaltungsaufwand eine leistungsproportionale Kostenzuordnung möglich ist.

Das (nachfrageorientierte) ARV von MIT[1] ist zwangsläufig in
einem hohen Grade leistungsproportional, da die Preisgestaltung
maßgeblich von der Anlagenauslastung und damit von der momentan
verfügbaren Leistung abhängt. Dadurch wird dieses ARV auch den
Anforderungen eines RZ gerecht: der (nachfrage-) elastische
Preismechanismus verleiht dem ARV die Funktion eines Zuteilungssystems mit dem Ziel einer optimalen Kapazitätsauslastung. Auf
diese Weise kann das theoretische Optimum des RZ und des Gesamtunternehmens erreicht werden. /75/

---

1) Die folgenden diesbezüglichen Ausführungen beziehen sich nur
   auf die Abrechnungsversion für die ADV-Anlage mit Stapelverarbeitung.

Obwohl auch hier eine differenzierte Leistungserfassung durchgeführt wird, werden nur die Rechnerkernbelegungszeiten und die
Inanspruchnahme peripherer Einheiten zur Kostenabrechnung herangezogen. /118/ Bei starker (schwacher) Nutzung sind die Verrechnungspreise entsprechend hoch (niedrig).

Mit dem ARV von Wiorkowski sind optimale Voraussetzungen für
eine leistungsproportionale Kostenabrechnung gegeben. Die in
den verschiedenen Abrechnungsgruppen zusammengefaßten Kostenkomponenten werden fast ausnahmslos alle mittels SMF oder ähn-
licher Accounting-Routinen erfaßt. Für diese und für die zusätzlich zu registrierenden Abrechnungskomponenten und Einrichtungen (z.B. bei Datenfernverarbeitung) werden die Verrechnungssätze für die einzelnen Abrechnungsgruppen ermittelt. Dabei werden viele abrechnungstechnische Details mitberücksichtigt: in
der Abrechnungsgruppe "Kilobyte-Stunden" werden beide Belegungs-
dimensionen des Zentralspeichers (Umfang und Größe) erfaßt, zudem werden von der gesamten Zentralspeicherkapazität die nicht
produktiv nutzbaren Zentralspeicherstellen (belegt durch residente Systemprogramme) subtrahiert. Bei diesem ARV werden auch
die Kostenanteile für die wechselseitigen Einflüsse von Programmen im Mehrprogrammbetrieb und bei "time-sharing-Systemen" (durch
Zuweisung unterschiedlicher Ausführungsprioritäten) berücksichtigt. Inwieweit allerdings bei diesem und den anderen ARV den
Programmen auch die Kosten für nur indirekt belegte Restkapazitäten zugerechnet werden, ist dem Verfasser nicht bekannt.
Grundsätzlich wird eine solche Kostenabrechnung allen Benutzern
gegenüber weitgehend (verursachungs-) gerecht.

(2) Transparenz

Bei einer oberflächlichen Sichtweise erscheint das ARV von Quelle aufgrund der verschiedenen Abrechnungsmodi (Preisarten) kom-
plex und wenig überschaubar. Eine detaillierte Analyse zeigte
jedoch, daß dieses ARV durch seine zugrundeliegende Verrechnungssystematik einfach, transparent und überprüfbar ist.
Die Abrechnung der meisten Programme (periodische Abwicklung,
bekanntes Aufgabenprofil) erfolgt zu Preisarten (Standardpreisen), die der Benutzer in vollem Umfang verstehen kann.

Selbst wenn nicht über konstante (Fest-) Preise oder mengenabhängige Preise (bspw. bei Produktionsprogrammen mit bekannten
Betriebsmittelanforderungen) abgerechnet wird, so ist der Abrechnungsmodus bei der Vollkostenrechnung (CPU-Leistung) leicht
verständlich und nachvollziehbar (bspw. bei Testprogrammen).

Im Gegensatz hierzu ist das ARV von MIT allein durch die Vielfalt von Preis- und Prioritätsstufen komplexer und schwerer zu
durchschauen. Der Preisverlauf ist selbst für sehr kurzfristige
Zeitabschnitte nicht transparent.
Es ist offensichtlich, daß bei einem ARV mit schnell fluktuierenden Preisen auch keine Grundlage für einen Vergleich von Angeboten anderer RZ vorhanden ist.

Ebenso bereitet das ARV von Wiorkowski anfangs dem Verständnis
seitens der Benutzer Schwierigkeiten. Zahlreiche Abrechnungsdimensionen mit unterschiedlichen physikalischen Leistungskennzahlen erscheinen zunächst unübersichtlich: "A disadvantage of
the cost allocation model is that it is initially difficult for
a user to relate to the cost-charge-categories".[1] Aus diesem
Grunde schlagen die Autoren ein internes (Einführungs-) Seminar
vor, in dem Entwicklung und Anwendung der Preisformeln und Verrechnungssätze erläutert werden sollen.
Die Transparenz wird hier durch eine exakte Kostenzuordnung
(differenzierte Abgrenzung der Abrechnungskomponenten) erreicht:
der Benutzer kann - aufgrund der für alle Abrechnungsgruppen
einheitlichen Formel zur Preisgestaltung - die Kostenanteile
bestimmter Leistungen erkennen und somit ggf. auf kostengünsti-
gere ADV-Komponenten ausweichen. Zudem kann der Benutzer im
"time-sharing-System" ein interaktives "project costing program"
aufrufen, das ihn nach dem voraussichtlichen Ressourcenbedarf
des geplanten Projektes fragt und dann hierfür entsprechende
Kostenschätzwerte liefert.
Da die verwendeten Abrechnungsdimensionen eine weitgehend einheitliche Berechnungsbasis von Service-RZ darstellen - weil die

---

1) Wiorkowski, Gabrielle K. und John J.: A Cost Allocation Model. In: Datamation, Heft 8/73, S. 64.

herangezogenen Abrechnungsdaten von vielen Accounting-Routinen bereitgestellt werden können - sind die Benutzer in der Lage, Dienstleistungsangebote anderer Service-RZ zu überprüfen.

(3) <u>Präzision</u>

Da mit dem ARV von Quelle ausschließlich ADV-Systemleistungen für unternehmensinterne Benutzer abgerechnet werden, sind die Anforderungen an die Genauigkeit hier nicht so streng wie z.B. in freien Service-RZ. Hinzu kommt die Grundproblematik einer exakten Leistungserfassung und Kostenabrechnung bei der hier angewandten virtuellen Speichertechnik. Allerdings sind auch bei diesem ARV obere und untere Toleranzschranken ($\pm$ 5%) definiert, die nicht überschritten werden sollen.
Die letzten Modifikationen an dem ARV zielten darauf ab, den Anteil der zu Standardpreisen abgerechneten Programme zu erhöhen und bei der Leistungsabrechnung zu Vollkosten die verwendeten Leistungskennzahlen auf die CPU-Zeit zu reduzieren. Mit Einführung der virtuellen Speichertechnik stellt der Zentralspeicher keinen wesentlichen Kostenfaktor dar; damit ist auch eine Vernachlässigung der Kostenabrechnung der Zentralspeicherbelegung (eingeschränkt) vertretbar.

Da einerseits die Standardpreise aufgrund langfristiger Leistungsanalysen festgesetzt und andererseits die über die CPU-Zeit verrechneten Preise auf der Basis der mittels SMF generierten Leistungsdaten permanent überprüft und ggf. korrigiert werden, ist eine hinreichende Genauigkeit gegeben. Eine manuelle Korrektur der Verrechnungspreise (in Form von Gutschriften und Nachbelastungen) innerhalb einer Abrechnungsperiode wird aber dann erforderlich, wenn bei Umstellungsprozessen erhebliche Abweichungen (Kostenüber- und Kostenunterdeckungen) auftreten.
Die aus der Vereinfachung des ARV resultierenden Genauigkeitsverluste sind tragbar, vor allen Dingen deshalb, weil sie zu einer einfacheren Handhabung und einer Erhöhung der Transparenz des ARV führen. An dieser Stelle wird wieder die Gegenläufigkeit der einzelnen Verrechnungsgrundsätze ersichtlich.

Auch das ARV von MIT kann nur eingeschränkt dem Verrechnungsgrundsatz der Präzision entsprechen. Belegung von Rechnerkern
und peripheren Einheiten ist als Abrechnungsbasis ausreichend,
da die ADV-Kapazitäten nur den internen Fachabteilungen verfügbar sind und nicht von externen Benutzern in Anspruch genommen
werden. Wegen der starken Abhängigkeit der Verrechnungspreise
von der Anlagenauslastung (und damit der Zuordnung in bestimmte
Preis- und Prioritätsstufen) kann die Genauigkeit aber durch
ein Quantum Willkür (z.B. bei der Zuweisung von Prioritäten)
vermindert werden.

Das ARV von Wiorkowski erfüllt am besten die Voraussetzungen für
eine genaue Kostenabrechnung. Es werden alle signifikanten ADV-
Komponenten leistungsmäßig erfaßt und über für die Inanspruchnahme ausschlaggebende Leistungskennzahlen abgerechnet.
Allerdings werden nicht alle Daten für die Ermittlung der Verrechnungssätze der einzelnen Abrechnungsgruppen von SMF bereitgestellt. Zusätzliche Probleme können aus einer (qualitativ)
mangelhaften Datenbasis - die sich aus den von SMF aufgezeichneten Datensätzen zusammensetzt - resultieren.

(4) <u>Reproduzierbarkeit</u>

Zeitliche Konsistenz und Unabhängigkeit der Verrechnungspreise
sind bei dem ARV von Quelle weitgehend gewährleistet. Allerdings
gibt es bei den einzelnen Abrechnungsmodi (Preisarten) graduelle
Unterschiede. Die Standardpreise (Festpreise und mengenabhängige
Preise) sind aufgrund der konstanten Abrechnungsbasis (z.B. ein-
und ausgabemengenbezogene Parameter) im höchsten Grade reproduzierbar (vgl. hierzu auch Bild 10 auf Seite 63).
Sofern die Preise auf der Basis der beanspruchten CPU-Zeit ermittelt werden, wird die unterschiedliche Leistungsfähigkeit
der Zentraleinheiten durch Ausgleichsfaktoren berücksichtigt;
dennoch können die so verrechneten Preise nur eingeschränkt reproduzierbar sein, weil nicht alle ADV-Komponenten einzeln abgerechnet werden.
Zudem wird die Reproduzierbarkeit durch die mangelnde Reproduzierbarkeit der mittels SMF generierten Daten eingeschränkt.

Die hieraus resultierenden Kostendifferenzen werden ggf. (insbesondere bei Modifikationen an der ADV-Konfiguration) "manuell" ausgeglichen.

Die Reproduzierbarkeit der Verrechnungspreise ist bei dem ARV von MIT - aufgrund der kurzfristig elastischen Preisbildung - grundsätzlich nicht gegeben: da die Programme in Abhängigkeit von der Auslastungssituation unterschiedlich lange in der ADV-Anlage verweilen und verschiedenen Prioritätsstufen (= Preisstufen) zugeordnet werden, unterliegen die Verrechnungspreise teilweise sehr erheblichen Schwankungen. Sofern die Benutzer aber nach einer gewissen Zeit Regelmäßigkeiten des Preisverlaufs aufdecken können und sich in der Abgabe ihrer Programme danach richten, sind die Preise für solche Benutzer zumindestens eingeschränkt reproduzierbar.

Das ARV von Wiorkowski ermöglicht reproduzierbare Verrechnungspreise durch eine differenzierte Aufgliederung der einzelnen ADV-Komponenten. " ... by breaking down resources into the smallest possible units without incurring excessive data collection overhead".[1]
Zudem werden auch die gegenseitigen Beeinflussungen von Programmen bei Mehrprogrammbetrieb durch Verwendung geeigneter Leistungskennzahlen entsprechend berücksichtigt. Auch die Kostenabrechnung für Aufgaben der Datenfernverarbeitung erfolgt nach einem Modus, der den Forderungen nach Reproduzierbarkeit gerecht wird. Die Autoren tolerieren eine maximale Schwankungsbreite der Verrechnungspreise von $\pm$ 1%.
Sofern die ausgewiesenen Abrechnungsdaten von SMF generiert werden, bleibt auch hier die Reproduzierbarkeit der verwendeten Abrechnungsdaten - aufgrund der diesbezüglichen Schwäche dieser Accounting-Routine - auf die Reproduzierbarkeit der verwendeten Abrechnungsdaten beschränkt.

---

1) Wiorkowski, Gabrielle K. und John J.: A Cost Allocation Model. In: Datamation, Heft 8/73, S. 60.

8 Zusammenfassung und Ausblick

Der vorangegangene Vergleich hat gezeigt, daß die drei ausgewählten ARV den Verrechnungsgrundsätzen der Leistungsproportionalität, Transparenz, Präzision und Reproduzierbarkeit auf verschiedene Weise und mit unterschiedlicher Intensität gerecht
werden. Das liegt daran, daß diese Kriterien z.T. miteinander
konkurrieren und ihre Bedeutung bei den einzelnen RZ-Typen graduell verschieden ist.

In unternehmensinternen RZ ist i.a. keine "wissenschaftliche"
Genauilgkeit der Verrechnungspreise erforderlich. Die Benutzer
(Fachabteilungen) sollen vielmehr verstehen, wie die Preise zu-
stande kommen und ihre Kostenplanung danach ausrichten.

Bei dem ARV des RZ von Quelle ist dem Verrechnungsgrundsatz der
Transparenz und der Kontinuität der Verrechnung der Vorrang gegeben worden "vor zu subtilen und im Endeffekt nur scheinbar
exakteren Maßnahmen".[1] Hier wird also eine repräsentative Auswahl typischer, abrechnungstechnisch einfach handzuhabender Leistungskennzahlen einem perfektionistischen Streben vorgezogen.
/65/. Das gilt in aller Regel auch für kooperative RZ.

RZ an Forschungs- und Entwicklungsstätten (wie MIT) können ein
ARV mit unvoraussehbaren und schnell fluktuierenden Preisen dann
anwenden, wenn es das Aufgabenprofil zuläßt.

Da hier kurzlebige Projekte (Einmalaufträge) überwiegen und damit die Nachfrage stark variiert, können die Verrechnungspreise
jedesmal neu festgesetzt werden. Ein derartiges ARV kann allerdings nicht ohne Modifikationen auf kommerzielle Service-RZ übertragen werden, "da hier in der Mehrzahl Daueraufträge bearbei-
tet werden, für die nicht jedesmal ein anderer Preis berechnet
werden kann".[2]

---

1) Schrader, H.-J.: Die Abrechnung von DV-Dienstleistungen beim
   Großversandhaus Quelle. - Erfahrungen mit verschiedenen Versionen und jetziger Stand. In: Abrechnung von Rechenzentrums-
   Dienstleistungen, hrsg. von Mertens, Peter u.a.. München,
   1978, S. ??

2) Weidner, Eva: Datenverarbeitung in Mark und Pfennig. In: Online-adl-nachrichten, Heft 5/78, S. 386.

Freie Service-RZ sollten ARV einsetzen, die in der Grundkonzeption dem von Wiorkowski vorgeschlagenen "cost allocation model" entsprechen.
Die Benutzer freier RZ fordern, daß die abgerechneten Leistungen genau ausgewiesen werden. ARV mit einem hohen Genauigkeitsgrad setzen allerdings auch bei den Benutzern ein gewisses Verständnis der spezifischen Eigenschaften und Funktionen von ADV-Anlagen voraus.

Da für die Erfassung von Leistungs- und Abrechnungsdaten unterschiedliche Betriebssysteme und Accounting-Routinen eingesetzt werden, sind die ARV auch häufig durch uneinheitliche Berechnungsgrundlagen gekennzeichnet.
Daher sollten alle Lösungsansätze zur Entwicklung einer (möglichst) herstellerneutralen Leistungserfassung aufgegriffen und gefördert werden. Damit ist eine entscheidende Voraussetzung für die Vereinheitlichung von Abrechnungsalgorithmen und damit für die Vereinheitlichung von ARV gegeben. /41/

Eine methodische Weiterentwicklung dieses Instrumentariums gewinnt in letzter Zeit insbesondere im Zusammenhang mit der wachsenden Vernetzung von ADV-Anlagen (Rechnerverbundsysteme) an Bedeutung.

Einzelfragen und Randprobleme einer (verursachungs-) gerechten
Kostenzuordnung[1]

(1) Wie kann der maschinelle und personelle Verwaltungsaufwand
bei einem ARV den verschiedenen Aufgaben angerechnet werden? In
welcher Relation sollen bspw. die Kosten der für Sammlung und
Sicherung von Abrechnungsdaten beanspruchten CPU-Zeiten den abzurechnenden Anwendungsprogrammen der Benutzer und dem Systemoverhead zugeschlagen werden?

(2) Für welche ADV-Komponenten sollen separate Einzelpreise festgesetzt, und welche sollen in Gemeinkostenzuschlägen berücksichtigt werden?

(3) Wie sind Entwicklungsleistungen und/oder Implementierung
spezieller Anwendungssoftware zu verrechnen, die zunächst nur
für einen bestimmten Benutzer (-kreis) erbracht werden, beim
späteren Einsatz aber auch von anderen Benutzern in Anspruch
genommen werden?

(4) Welche Kostenzurechnung ist bei gemeinsamen Entwicklungspro-
jekten mehrerer Benutzer mit unterschiedlicher Beteiligung ange-
messen?[2]

---

1) Die folgenden Einzelfragen wurden z.T. schon an anderer Stelle angerissen, vgl. hierzu insbesondere:

  a) Graef, Martin; Greiller, Reinald: Organisation und Betrieb
    eines Rechenzentrums. Stuttgart-Wiesbaden 1975, S. 447.

  b) Hansen, Hans, Robert; Röhrs, Heinz-Peter: Abrechnungsver-
    fahren in Grossrechner-Betriebssystemen. Ein Vergleich.
    In: Abrechnung von Rechenzentrums-Dienstleistungen, hrsg.
    von Mertens, Peter u.a.. München 1978, S. 23.

  c) Mertens, Peter: Systematisches Rechnungswesen für die Da-
    tenverarbeitung. In: adl-nachrichten, Heft 86/74, S. 36f.

  d) Stahlknecht, Peter: Erfahrungen mit der Abrechnung von
    Rechenzentrums-Dienstleistungen in einem Mischkonzern. In:
    Abrechnung von Rechenzentrums-Dienstleistungen, hrsg. von
    Mertens, Peter u.a.. München 1978, S. 96f..

(5) "Wie ist der zusätzliche Aufwand zu verrechnen, den ein Be-
     nutzer im Interesse des Ganzen leisten muß, etwa wenn ein
     Programm deshalb komplizierter wird, weil es Bestandteil ei-
     nes integrierten Konzeptes ist?"[1c]

(6) In welcher Weise können die Kosten für neu eingeführte ADV-
     Komponenten bzw. ADV-Anlagen und/oder Softwarepakete (ins-
     besondere neue Systemprogramme) im Testbetrieb, die noch
     nicht so wirtschaftlich wie bereits erprobte Systeme arbei-
     ten, den Benutzern angelastet werden?

(7) Wie sollen die Vorteile einer Kostendegression, die sich
     aufgrund organisatorischer Veränderungen (z.B. Zentralisie-
     rung der ADV durch Ausbau eines dezentralen RZ) innerhalb
     einer Abrechnungsperiode ergeben, an die Benutzer weiterge-
     geben werden, ohne die Konstanz der Verrechnungssätze zu
     beeinflussen?

(8) Welche Kosten sollen bei Übergang zu dezentralen Lösungen
     (Einsatz eigener Kleinrechner) angerechnet werden?

(9) In welcher Weise können die Kosten für Forschungs- und Ent-
     wicklungsaufgaben des RZ (z.B. Entwicklung und Austesten
     neuer Datenerfassungssysteme und modifizierter Betriebssy-
     stemversionen) auf die verschiedenen Benutzer verteilt wer-
     den?

(10) Können auch die Kosten für sogenannte "hoheitliche" Aufga-
     ben eines RZ (bspw. Beratung für bestimmte Aufgabenstel-
     lungen, die selbst nicht im RZ durchgeführt werden) den
     Benutzern angelastet werden?

---

2) Ein ähnliches Kostenverteilungsproblem entstand im RZ der
   Universität zu Köln bei der Einführung des Softwarepaketes
   APEX (zur Lösung von Optimierungsmodellen), das nach der Implementierung auch von anderen Benutzern (= Hochschulrechenzentren) in Anspruch genommen wird.

Beispiel für die Ermittlung der Kosten der einzelnen Kostengruppen im Regionalen Hochschulrechenzentrum (RHRZ) von Bonn[1]

Grundsätzlich ist zwischen den gerätespezifischen Kosten, die über die Nutzung der einzelnen ADV-Komponenten abgerechnet werden, und den allgemeinen, nicht bestimmten ADV-Komponenten direkt zurechenbaren Kosten (z.B. Personalaufwand, Klimabedarf) zu unterscheiden. Der Faktor F ist Ausdruck für die Relation zwischen den Gesamtkosten und den gesamten gerätespezifischen Kosten.

$$F = \frac{\text{Gesamtkosten}}{\text{gesamte gerätespezifischen Kosten}}$$

Alle nicht einer bestimmten ADV-Komponente zurechenbaren Leistungen werden nach der obigen Formel proportional auf die einzelnen ADV-Komponenten aufgeteilt.

Die folgenden Ausführungen enthalten einen Vorschlag zum Vorgehen bei der Bestimmung der Kosten pro ADV-Komponente.

(1) Betriebskosten
    (a) Ermittlung der
        - Wartungs- und
        - Reparaturkosten von ADV-Komponenten

    (b) Addition der in (a) ermittelten Kosten;
        Ergebnis: Summe B_g.

    (c) Addition aller übrigen zu den Betriebskosten zählenden Ausgaben des RHRZ; Ergebnis: Summe B_a.

    (d) Berechnung: $F_B = \dfrac{B_a + B_g}{B_g}$

---

1) Kneip, W.: Kostenfeststellung, Gebührenermittlung und Rechnungsschreibung am Regionalen Hochschulrechenzentrum der Universität Bonn. Arbeitsbericht Nr. 7603, Bonn 1977, S. 2ff.

(e) Für jede ADV-Komponente werden die Betriebskosten unter Berücksichtigung der allgemeinen Kosten berechnet nach der Formel:

$$B^i = F_B \times B^i_g$$

(2) **Selbstkosten Land**

(a) Ermittlung der
   - Miete (M_g)
   - Amortisationskosten (A_g) pro ADV-Komponente

(b) Addition der in (a) ermittelten Kosten;
   Ergebnis: $Z_g = M_g + A_g$

(c) Addition aller übrigen zu "Selbstkosten Land" zählenden Ausgaben des RHRZ - außer Betriebskosten - ;
   Ergebnis: Summe Z_a

(d) Berechnung: $F_s = \dfrac{Z_a + Z_g}{Z_g}$

(e) Für jede Komponente werden die aus Miete und Abschreibung (Amortisation) entstehenden Anteile zu den "Selbstkosten Land" berechnet gemäß:

$$z^i = F_s \times (M^i_g + A^i_g)$$

(f) Die Berechnung der "Selbstkosten Land" wird für jede ADV-Komponente nach folgender Formel durchgeführt:

$$S^i = B^i + z^i$$

(3) **Marktpreise**

Die Marktpreise P werden entweder wie folgt bestimmt:

$$P = F_p + S^i$$

oder direkt für eine Nutzungseinheit festgelegt. Der Faktor F_p bzw. der Preis pro Nutzungseinheit wird entsprechend der Benutzungsordnung der RHRZ festgelegt.

Anlage 3

Beispiel für eine komplexe Abrechnungsformel (als Grundlage für eine Accounting Routine)

Douglas VW-Formel

$$K = \left[TCPU \times S_1 + B_{BP} \times S_2 + (TCPU + \beta \times B_{BP}) \times (Core \times S_3 \right.$$
$$+ N_B \times S_4 + N_P \times S_5) + (N_{LK} \times S_6 + N_{LS} \times S_7 + N_{ZD} \times S_8$$
$$\left. + N_{BL} \times S_9) \right] \times f$$

Erklärung der Abkürzungen:

K	: Gesamtkosten des abzurechnenden Programms
$TCPU$	: CPU-Zeit
S_1	: Kostensatz für eine CPU-Minute
B_{BP}	: Anzahl der auf oder von Band bzw. Platte übertragenen Datenblöcke
S_2	: DM pro übertragenen Kiloblock
β	: "Maschinenkonstante" (mittlere Zeit zum Übertragen eines Blockes)
$Core$	: Kernspeicherzahl in Kilobyte
S_3	: DM pro Core und CPU-Zeit
N_B	: Anzahl der belegten Bandeinheiten
S_4	: DM pro Bandeinheit und pro Verarbeitungszeit[1]
N_P	: Anzahl der belegten Platteneinheiten
S_5	: DM pro Platteneinheit und Verarbeitungszeit
N_{LK}	: Anzahl der eingelesenen Lochkarten (in Tausend)
S_6	: DM pro Tausend Karten
N_{LS}	: Anzahl der ausgestanzten Karten (in Tausend)
S_7	: DM pro Tausend Karten
N_{ZD}	: Anzahl der ausgedruckten Zeilen (inklusive Vorschübe und Leerzeichen)
S_8	: DM pro einer bestimmten Anzahl Zeilen
N_{BL}	: Anzahl der gelesenen Belege
S_9	: DM pro Tausend gelesene Belege
f	: Faktor zur Berücksichtigung der Konfigurationsgröße bzw. der Programmiersprache

---

[1] je länger ein Band montiert bleibt, desto höher müssen
die Kosten sein.

Anlage 3

In der Douglas VW-Formel werden folgende Abrechnungsgrößen
durch folgende Ausdrücke berücksichtigt:

Abrechnungsgrößen	Ausdrücke
(1) CPU-Zeit	"TCPU x S_1"
(2) Schreibleistung (Belegen und Über-tragen auf oder von Band oder Platte)	"B_{BP} x S_2"
(3) Kernspeicherbedarf	"(TCPU + β x B_{BP}) x (Core x S_3)"
(4) Belegungsdauer der Bandeinheiten	"(TCPU + β x B_{BP}) x (N_B x S_4)"
(5) Belegungsdauer der Platteneinheiten	"(TCPU + β x B_{BP}) x (N_P x S_5)"
(6) Beanspruchung des Kartenlesers	"(N_{LK} x S_6)"
(7) Beanspruchung des Kartenstanzers	"(N_{LS} x S_7)"
(8) Beanspruchung des Kartendruckers	"(N_{LD} x S_8)"
(9) Beanspruchung des Beleglesers	"(N_{BL} x S_9)"
(1o) Konfigurationsgröße bzw. Programmier-sprache	f

Eine Gewichtung der Faktoren S_{1-9} könnte bspw. proportional
zu den Mietwerten der betreffenden ADV-Komponenten erfolgen.

Quelle: Die Unterlagen zu der Douglas VW-Formel wurden dem
        Verfasser dieser Arbeit von dem CONTROL DATA INSTITUT
        zur Verfügung gestellt.

Abrechnungskomponenten und Erfassungsgrößen eines differenzierten ARV bei einer ADV-Anlage mit "time-sharing-Betriebssystem"[1]

Erfassungsgröße [2]	Abrechnungskomponente	Maßeinheiten
CPU-Zeit/Job	CPU	Sekunden
CPU-Zeit/Jobstep	CPU	Sekunden
Anzahl Jobs		Jobs
Zugriffe, Platte	Kanal, Platte	
Zugriffe, Band	Kanal, Band	Zugriffe
Zugriffe, Trommel		(EXCP)
Zugriffe, Karten-leser, -stanzer, Drucker (UR)	Kanal, UR	
Datenstation (Ein-/Ausgabe)		
TSO[3]- Session-Zeit	Dialog	Std:Min:Sek
TSO - CPU-Zeit	Dialog, CPU	Sekunden
TSO - EXCP-Zeit		Sekunden
Anzahl LOGONS[4]		LOGON
Plattenplatz	laufende Platte	Spuren (TRK)
Bänder	laufendes Band	Band
Plotternutzung	PLOT	Papier
Drucker, Stanzer-Ausgabe		
- Seitenzahl		Seiten
- Stanzkarten		Karten

---

1) Kneip, W.: Kostenfeststellung, Gebührenermittlung und Rechnungsschreibung am Regionalen Hochschulrechenzentrum der Universität Bonn. Arbeitsbericht Nr. 7603, Bonn 1977, S. 2ff..

2) Die meisten Erfassungsgrößen werden mit SMF gewonnen (Ausnahme: z.B. Plotternutzung).

3) TSO = Time Sharing Option ("time-sharing-System" von IBM)

4) LOGONS = Anmeldungen beim System.

Ausgleichsfaktoren zur Berücksichtigung der unterschiedlichen
Leistungsfähigkeit verschiedener Zentraleinheiten[1]

Beispiel (1): Zentraleinheiten eines Herstellers (IBM)
Bezugsobjekt (d.h. eine Zentraleinheit, auf der eine CPU-Sekunde einer Arbeitseinheit entspricht) ist die IBM/360-65.

$$f_{CPU\ /360-65} = 1,000 \qquad f_{CPU\ /370-155} = 1,050$$
$$f_{CPU\ /360-40} = 0,115 \qquad f_{CPU\ /370-158} = 1,400$$
$$f_{CPU\ /370-135} = 0,230 \qquad f_{CPU\ /370-165} = 3,300$$
$$f_{CPU\ /360-50} = 0,275 \qquad f_{CPU\ /370-168} = 4,000$$
$$f_{CPU\ /370-145} = 0,480 \qquad f_{CPU\ /360-195} = 5,500$$

Beispiel (2) Zentraleinheiten verschiedener Hersteller (IBM und
SIEMENS)
Bezugsobjekte sind eine IBM /370-145 und eine SIEMENS 4004-151.

$$f_{CPU\ /370-145} \quad \text{und} \quad f_{CPU\ /4004-151} = 1$$
$$f_{CPU\ /370-158} = 2,5$$

Die weiteren Ausgleichsfaktoren können analog Beispiel (1) festgesetzt werden. Anhand der beiden Beispiele wird offensichtlich,
daß die Wahl des Bezugsobjektes beliebig ist.
Die Ausgleichsfaktoren werden bei der Abrechnung über Verrechnungseinheiten in die Formel der Verrechnungseinheit für die
Zentraleinheit eingesetzt:

$$VE_{ZE} = t_{i\ CPU\ (netto)} \times f_{i\ CPU}$$

$t_{i\ CPU\ (netto)}$: CPU-Zeit der CPU i ohne Systemoverhead
$f_{i\ CPU}$: Ausgleichsfaktor der Zentraleinheit vom Typ i

---

1) Braungardt, G.: Die Abrechnung von EDV-Leistungen unter besonderer Berücksichtigung des Multiprogramming. Broschüre des
   gleichnamigen Seminars der EDV-Akademie des Deutschen Instituts für Betriebswirtschaft. 4. Aufl., Tübingen 1973, S. 15.

2) Mitschke, Horst: Leistungsbewertung und Preisermittlung im
   ADV-Kostenrechnungsverfahren der hamburgischen Verwaltung.
   In: Abrechnung von Rechenzentrums-Dienstleistungen, hrsg. von
   Mertens, Peter u.a.. München 1978, S. 148.

<u>Beispiel für eine Abrechnung über Verrechnungseinheiten</u>

Es ist ein Programm mit folgendem Anforderungsprofil gegeben:

    Rechnerkernbelegungszeit : 10 Minuten
    Zentralspeicherbedarf   : 95 Kilobytes
    Anzahl Bandeinheiten   : 5
    Anzahl Platteneinheiten : 3
    Anzahl Drucker   : 1
    Anzahl Kartenleser   : 1

Für Zentraleinheit und periphere Geräte werden Verrechnungseinheiten gebildet.

<u>(1) Verrechnungseinheiten für die Zentraleinheit</u>

Die Formel für die Ermittlung der Verrechnungseinheiten der Zentraleinheit (VE_{ZE}) setzt sich wie folgt zusammen:

$$VE_{ZE} = ZE + FR_B \times BE + FR_P \times PE + FR_D \times DR^{1)}$$

Dabei ist:

ZE : CPU-Zeiteinheiten des abzurechnenden Programms

FR_B : Rüstzeitfaktor in CPU-Minuten für Bandeinheit (Wert: 0,1)

BE : Anzahl Bandeinheiten des abzurechnenden Programms

FR_P : Rüstzeitfaktor in CPU-Minuten für Plattenlaufwerk (Wert:
       0,2)

PE : Anzahl Plattenlaufwerke des abzurechnenden Programms

FR_D : Rüstzeitfaktor in CPU-Minuten für Drucker (Wert : 0,3)

<u>(2) Verrechnungseinheiten für periphere Geräte</u>

Für jede periphere Abrechnungskomponente werden Verrechnungseinheiten gebildet. Die einzelnen Formeln enthalten folgende Größen:

---

1) Faktoren zum Ausgleich der unterschiedlichen Leistungsfähigkeit von Zentraleinheiten werden hier bei den weiteren Betrachtungen ausgeklammert.

p   = 0,5 : Faktor für alle peripheren Geräte (außer Platten-
                   einheiten)

      = 0,2 : Faktor für Magnetplattenlaufwerke

q   = 0,5 : Faktor für alle peripheren Geräte (außer Platten-
                   einheiten)

      = 0,8 : Faktor für Magnetplattenlaufwerke

V_B : durchschnittliche Anzahl Bandzugriffe je CPU-Minute

V_D : durchschnittliche Anzahl Drucker-Zugriffe je CPU-Minute

V_P : durchschnittliche Anzahl Plattenzugriffe je CPU-Minute

V_L : durchschnittliche Anzahl Leser-Zugriffe je CPU-Minute

VER_B[1]   : Verrechnungseinheiten für das Rüsten von Bandeinheiten

VER_D[1]   : Verrechnungseinheiten für das Rüsten von Druckern

VER_P[1]   : Verrechnungseinheiten für das Rüsten von Platteneinheiten

VER_L[1]   : Verrechnungseinheiten für das Rüsten von Lesern

Z_B : Anzahl Bandzugriffe des abzurechnenden Programms
Z_D : Anzahl Druckerzugriffe des abzurechnenden Programms
Z_P : Anzahl Plattenzugriffe des abzurechnenden Programms
Z_L : Anzahl Leser-Zugriffe des abzurechnenden Programms
ZE : CPU-Zeiteinheiten des abzurechnenden Programms

Für das o.a. Programm ergeben sich dann die Kosten für Inanspruchnahme der Zentraleinheit und peripherer Einheiten wie folgt:

(a) <u>Kosten der Zentraleinheit</u>

$$VE_{ZE} = 10,0 + 0,1 \times 5 + 0,2 \times 3 + 0,3 \times 1 = 11,4$$
abgerundet = 11 Verrechnungseinheiten.

---

1) Die Verrechnungseinheiten für das Rüsten werden je Einheiten-
   typ analog zur Zentraleinheit gebildet aus der Multiplikati-
   on der Anzahl Einheiten mit dem Rüstfaktor.

Bei diesem Beispiel wird auch eine Einteilung der Programme in
Programmklassen (in Abhängigkeit von den Betriebsmittelanforderungen) zugrunde gelegt. Hiernach soll das Programm mit 95 Kilobytes in die Programmklasse II fallen, in dieser beträgt der
Preis für eine Verrechnungseinheit DM 23,-. Der gesamte Kostenanteil beläuft sich demnach auf 253,-.

(b) Kosten der peripheren Geräte

(1) Bandeinheiten

Die Kosten für die Inanspruchnahme von Bandeinheiten
ergeben sich aus der Formel:

$$VE_B = p \times V_B \times ZE + q \times Z_B + VER_B$$

Neben der Erfahrungs- und Schätzwerten werden auch die
im Rahmen der Leistungserfassung gewonnenen Werte eingesetzt, z.B.:

$$VE_B = 0,5 \times 23,3 \times 10 + 0,5 \times 500 + 5 \times 2,5$$
$$= 379 \text{ Verrechnungseinheiten (Bandeinheit)}$$

Bei einem Kostensatz von 0,32 DM pro Verrechnungseinheit betragen die Kosten   DM   121,28

Die Kosten für die anderen Peripheriegeräte werden analog ermittelt.

(2) Plattenlaufwerke

$$VE_p = p \times V_p \times ZE + q \times Z_p + VER_p$$
Beispiel:
$$VE_p = 0,2 \times 7,7 \times 10 + 0,8 \times 100 + 3 \times 2,1$$
$$= 102 \text{ Verrechnungseinheiten (Plattenlaufwerk)}$$

Bei einem Kostensatz von 0,12 DM pro Verrechnungseinheit betragen die Kosten   DM   12,24

(3) Drucker

$$VE_D = p \times V_D \times ZE + q \times Z_D + VER_D$$

Beispiel:

$$VE_D = 0,5 \times 29,3 \times 10 + 0,5 \times 200 + 1 \times 6,6$$
$$= 253 \text{ Verrechnungseinheiten}$$

Bei einem Kostensatz von 0,25 DM pro Verrechnungseinheit betragen die Kosten   DM   63,25

(4) <u>Kartenleser</u>

$$VE_L = p \times V_L \times ZE + q \times Z_L + VER_L$$

Beispiel:

$$VE_L = 0,5 \times 5,4 \times 10 + o,5 \times 50$$
$$= 52 \text{ Verrechnungseinheiten}$$

Bei einem Kostensatz von 0,40 DM pro Verrechnungseinheit betragen die Kosten   DM   20,80

Die Gesamtkosten des Programms setzen sich aus den Kostenanteilen der einzelnen Abrechnungskomponenten zusammen.

Zentraleinheit	DM	253,--
Bandeinheiten	DM	121,28
Plattenlaufwerke	DM	12,24
Drucker	DM	63,25
Kartenleser	DM	20,80
	DM	470,57

Diese Informationen hat der Verfasser freundlicher Weise von Herrn Mitschke (Mitarbeiter der Finanzbehörde Hamburg) erhalten. Vergleiche hierzu:
Mitschke, Horst: Betriebsabrechnung bei einem Multiprogramming-Betrieb. Referat beim Erfahrungsaustausch ADV Bund/Länder/kommunaler Bereich im Jahre 1972, S. 4f..

Organisationsamt (Hrsg.): Planung und Kontrolle der ADV-Verfahrenskosten in der hamburgischen Verwaltung. Richtlinien in Anlehnung an die Vorschläge des Arbeitskreises "Kostenschätzung EDV". Hamburg 1972, S. 8ff..

Berechnung der Alleinlaufzeit als reproduzierbare Zeitbasis[1]

Die Alleinlaufzeit ist die einem Programm theoretisch zurechenbare Verweilzeit. Diese setzt sich zusammen aus den Zeiten, in denen ein Programm gerechnet wird (CPU-Zeit) und Ein- und Ausgabeoperationen durchführt.

Formale Darstellung:

$$t_{zVZ} = t_{CPU} + t_{EA}$$

t_{zVZ} : zurechenbare Verweilzeit

t_{CPU} : Beanspruchungsdauer des Zentralprozessors

t_{EA} : Ein- und Ausgabezeiten des Programms

Da die Ein- und Ausgabezeiten eines Programms i.a. nicht (im Gegensatz zu der CPU-Zeit) von den Accounting-Routinen ausgewiesen wird, wird folgender Beziehungszusammenhang konstruiert:

$$t_{EA} = \sum_{i=1}^{n} N_i \times t_i$$

N_i : Anzahl der Ein- und Ausgabe auf peripheren Geräten vom Typ i

t_i : durchschnittliche Zeit einer Ein-/Ausgabe auf ein Gerät vom Typ i

i : Anzahl der verwendeten peripheren Geräte (n=Max)

Demnach ergibt sich die Ein-/Ausgabezeit eines Programms aus der Anzahl der Ein- und Ausgaben auf periphere Geräte des Typs i und der durchschnittlichen Zeit einer Ein-/Ausgabe auf ein Gerät des Typs i. Letztere kann durch Versuche ermittelt werden. Damit ist die Alleinlaufzeit eines Programms gegeben.

---

1) Braungardt, G.: Die Abrechnung von EDV-Leistungen unter besonderer Berücksichtigung des Multiprogramming. Broschüre des gleichnamigen Seminars der EDV-Akademie des Deutschen Instituts für Betriebswirtschaft. 4. Aufl., Tübingen 1973, S. 17.

Anforderungen an Job Accounting

(1) Accounting-Routinen sollten die Leistungen aller kostenver-
    ursachenden ADV-Komponenten erfassen und eine eindeutige Zu-
    ordnung der Kosten zu den abzurechnenden Programmen erlauben.

(2) Die generierten Abrechnungsdaten sollten in Anzahl und Ge-
    nauigkeit einer leistungsproportionalen Kostenabrechnung
    genügen (z.B. Bereitstellung von Abrechnungsdaten für jeden
    Programmschritt).

(3) Abrechnungsdaten sollten für jeden Programmlauf zu jedem
    Zeitpunkt uneingeschränkt reproduzierbar sein.

(4) Accounting-Routinen sollten benutzerverständliche Abrech-
    nungsdaten registrieren.

(5) Accounting-Routinen sollten (zum Zwecke einer Vereinheitli-
    chung von ARV) bzgl. ihrer Abrechnungsparameter soweit wie
    möglich vereinheitlicht werden.

(6) Accounting-Routinen sollten neben Abrechnungs- auch anlagen-
    spezifische Leistungsdaten bereistellen, die das RZ ohne
    großen Zusatzaufwand zu aussagekräftigen Auswertungen über
    das Systemverhalten aufbereiten kann.

(7) Accounting-Routinen sollten keinen allzu hohen "Systemover-
    head" (Bedarf an CPU-Zeit und Speicherkapazitäten) erzeugen.

(8) Accounting-Routinen sollten so flexibel ausgelegt sein, daß
    zusätzliche bzw. verbesserte Funktionen nachträglich imple-
    mentiert werden können.[1]

---

1) Elmenhorst, W.: Untersuchungen über die Wiederholbarkeit der
   Accounting-Daten und Accounting in VS-Systemen (Originalbei-
   trag).Vgl. auch in: Abrechnung von Rechenzentrums-Dienstleistungen, hrsg. von Mertens, Peter u.a.. München 1978, S. 54.

(9) Accounting-Routinen sollten gute und sichere "Error-hand-
    ling-Methoden" enthalten.[1]

(10) Accounting-Routinen sollten auch für willkürliche Zeitab-
     schnitte einsatzfähig sein.[1]

---

[1] Elmenhorst, W.: Untersuchungen über die Wiederholbarkeit der
    Accounting-Daten und Accounting in VS-Systemen (Originalbei-
    trag).Vgl. auch in: Abrechnung von Rechenzentrums-Dienstlei-
    stungen, hrsg. von Mertens, Peter u.a.. München 1978, S. 54.

Übersicht wesentlicher SMF-Satzarten für Abrechnungszwecke[1]

Satzart	Datum der Aufzeichnung	Inhalt
4	Nach normaler oder abnormaler Beendigung eines Steps aus einem Hintergrundjob	Jobkennzeichnung, Tageszeit zu bestimmten Ereignissen, die während der Stepverarbeitung eintreten, CPU-Zeit für den Step, Umfang des zugeordneten Zentralspeichers und des benutzten Anteils, verwendete Einheiten, Seitenwechselaktivität im Step, Beendigungscode, Steppriorität, spezielle Abrechnungsdaten zum Step, Beendigungsanzeiger.
5	Nach normaler oder abnormaler Beendigung eines Hintergrundjobs	Jobkennzeichnung, Tageszeit zu bestimmten Ereignissen, die während der Jobverarbeitung eintreten, CPU-Zeit für den Job, Beendigungscode, Jobpriorität, Abrechnungsdaten zum Job, Beendigungsanzeiger.
6	Nach Verarbeitung einer SYSOUT-Klasse oder wenn in einer Klasse für einen Hintergrundjob ein Formularwechsel eingetreten ist.	Start- und Endezeit für den Writer, Anzahl der SYSOUT-Dateien zu der Klasse bzw. dem Formular, Anzahl der verarbeiteten logischen Sätze.
20	Bei jeder Job-Initialisierung	Job-Identifikation, Programmiername, Benutzeridentifikation, Anzahl und Inhalt der Abrechnungsfelder in der Job-Anweisung.

---

1) IBM (Hrsg.): Das Rechenzentrum innerhalb einer Datenverarbeitungsorganisation. Merkblattunterlagen zum gleichnamigen IBM-Lehrgang. München-Essen 1975, Blatt 10.090.

(1) <u>Output einer "optimalen" Accounting-Routine</u>[1]

- Arbeitsgebiet, Anwendungsbereich
- Programm, Programmschritt
- CPU-Zeit
- Zentralspeicherbedarf
- Ein- und Ausgabezeit (Leistungsmaßstab: Anzahl der auf oder von Band bzw. Platte übertragenen Blöcke)
- Belegungsdauer der Bandeinheiten (Leistungsmaßstab: Anzahl der belegten Bandeinheiten x Inanspruchnahme des Prozessors)
- Belegungsdauer der Platteneinheiten (Leistungsmaßstab: Anzahl der belegten Platteneinheiten x Inanspruchnahme des Prozessors)
- Beanspruchung des Kartenstanzers (Leistungsmaßstab: Anzahl ausgestanzter Karten)
- Beanspruchung des Kartenlesers (Leistungsmaßstab: Anzahl eingelesener Karten)
- Beanspruchung des Kartendruckers (Leistungsmaßstab: Anzahl ausgedruckter Karten)
- Beanspruchung des Beleglesers (Leistungsmaßstab: Anzahl gelesener Belege)

(2) <u>Möglicher Output spezifischer Auswertungsprogramme</u>[2]

- Belegungsübersicht der ADV-Anlage(n)
- Auslastungsprofil der Zentraleinheit(en)
- Auslastungsprofil des Zentralspeichers
- Auslastungsübersicht der peripheren Einheiten
- Verrechnungsübersicht nach Benutzern bzw. Kostenstellen
- Verrechnungsübersicht nach Anwendungsgebieten und Abrechrechnungsbereichen
- Verrechnungsübersicht nach ADV-Komponenten

---

1) Das hier zugrunde liegende Informationsmaterial wurde dem Verfasser von CONTRL DATA INSTITUT zur Verfügung gestellt.

2) Trampedach, Kurt: Entwicklung und Einführung eines konzern-einheitlichen Informations- und Verrechnungspreissystems für Rechenzentren. In: Abrechnung von Rechenzentrums-Dienstleistungen, hrsg. von Mertens, Peter u.a.. München 1978, S. 105f.

Kostenst./ Benutzer	Anzahl Jobs	P R E I S E (für)						Gesamtpreise
		CPU	Zentral-speicher	Zugriffe (EXCP)	Zusätzl. Einrich.	Rüstzeit Band/Platte	Volumen	
o243	1	26	9	5	o	o	59	99
o4o9	14	645	1.129	238	6o	28o	594	2.946
o425	49	3.28o	1.619	1.415	2o7	84o	2.669	1o.o3o
o843	4	1o	5	5	1	1o5	3	129
o96o	163	8.698	5.564	6.4o8	2.477	4.235	2.o47	29.429
2336	5	116	65	69	o	o	319	569
2447	2	49	63	46	o	o	91	249
26o3	538	15.671	11.9o6	12.28o	4.855	14.ooo	237.694	296.4o6
2625	6	591	495	666	2o9	175	1.285	3.421
2663	156	2.227	1.221	1.637	78	1.o85	1.o24	7.272
2681	235	4.871	2.233	2.837	8o	875	158	11.o54
2684	295	2.o67	1.444	3.32o	95	1.855	o	8.781
2686	159	3.81o	3.o67	2.575	339	2.66o	332	12.783
2881	1	o	o	o	o	o	o	o
3322	1	o	o	o	o	35	3	38
333o	138	1.8o6	1.34o	1.832	72o	3.o1o	4.712	13.42o
3342	3o	1.675	1.112	521	179	63o	825	4.942

Quelle: die obige (nach Kostenstellen/Benutzern sortierte) Auflistung von Preisen ist ein Ausschnitt aus einer umfassenden Verrechnungsübersicht, die dem Verfasser dieser Arbeit vom Service-RZ der IBM München zur Verfügung gestellt wurde.

Anlage 11

LITERATURVERZEICHNIS

/1/ Albach, Horst: Innerbetriebliche Lenkpreise als Instrument dezentraler Unternehmensführung. In: Zeitschrift für betriebswirtschaftliche Forschung, 26.Jg. 1974, S. 216-241.

/2/ Almond, J.C.: Resource Accounting in a Multiprogramming Environment. In: ECODU-16, Proceedings 1973, S.57-63.

/3/ Arbeitskreis Kostenschätzung EDV: Vorschlag für eine Kostenrechnung von Datenverarbeitungszentren. Broschüre des Arbeitskreises "Kostenschätzung EDV". Saarbrücken 1972.

/4/ Bastian, R.: Der Einfluß der Betriebsart eines Datenverarbeitungssystems auf Zeitberechnungen von Ein-/Ausgabevorgängen. In: Angewandte Informatik, Heft 8/72, S. 356-364.

/5/ Berger, Manfred: Das Verfahren zur Abrechnung von Rechenleistung im Rechenzentrum der Universität Karlsruhe. In: Datascope, Heft 23/77, S. 14-24.

/6/ Betriebswirtschaftliches Institut für Organisation und Automation an der Universität zu Köln (BIFOA), Hrsg: " Accounting und controlling im Rechenzentrum ". Arbeitsunterlagen zum gleichnamigen Fachseminar vom 16./17.11.1978 in Köln (Seminarleiter Prof. Dr. D. Seibt).

/7/ Blohm, H.; Fischer, H.; Heinrich, L.: Datenverarbeitung außer Haus. Stuttgart 1967.

/8/ Böhm, K.: Kostenabrechnung für eine EDV-Anlage mit Time-Sharing-Betriebssystem. In: ZfD, Heft 3/75, S. 133-136.

/9/ Bottler, J.; Horvath, P.; Kargl, H.: Methoden der Wirtschaftlichkeitsberechnung für die Datenverarbeitung. München 1972.

/10/ Braungardt, G.: Die Abrechnung von EDV-Leistungen unter
     besonderer Berücksichtigung des Multiprogramming. Broschü-
     re des gleichnamigen Seminars der EDV-Akademie des Deut-
     schen Instituts für Betriebswirtschaft. 4. Aufl., Tübingen
     1973.

/11/ Büch, Klaus: Grundsatzüberlegungen zur Auswahl eines geig-
     neten Rechenzentrums für die Datenverarbeitung außer Haus.
     In: Bürotechnik + Automation, Heft 12/70, S. 796-802.

/12/ Christo, A. F.;Licht, R.: Aufbau eines Berichtswesens für
     das Rechenzentrum. In: adl-nachrichten, Heft 83/73, S. 40-
     49.

/13/ Christo, A. F.;Licht, R.: Rechenzentrum - Produktionsstät-
     te für Informationen. In: adl-nachrichten, Heft 84/74, S.
     32-37.

/14/ Computerwoche (Hrsg.): Verrechnungspreis nicht letzte Weis-
     heit. In: Computerwoche, Nr. 22 vom 26.5.78, S.1 und S.9.

/15/ Deutscher Normenausschuß e. V. (DNA): Normen über Informa-
     tionsverarbeitung. 3. Aufl., Berlin-Köln-Frankfurt 1975.

/16/ Durand, R.: Cost Analysis of Data Processing Centres. In:
     Economics of Informatics, hrsg. von A. B. Frielink. North
     Holland 1975, S. 13-29.

/17/ Dworatschek, Sebastian: Grundlagen der Datenverarbeitung.
     6. Aufl., Berlin-New York 1977.

/18/ Dworatschek, Sebastian; Donike Hartmut: Wirtschaftlich-
     keitsanalyse von Informationssystemen. Berlin-New York 1972.

/19/ Eckbauer, Dieter; Schrenk, Dietmar: "Ein Operator hat's im
     Gefühl ob's gut läuft." In: Computerwoche, Nr. 8 vom 17.2.
     78, S. 4.

/20/ Edelhoff, Eckhard: Das Hochschulrechenzentrum als Dienst-
     leistungseinrichtung. In: IBM Nachrichten, 26. Jg., S.
     341-345.

/21/ Elmenhorst, W.: Untersuchungen über die Wiederholbarkeit
     der Accounting-Daten und Accounting in VS-Systemen. In:
     Abrechnung von Rechenzentrums-Dienstleistungen, hrsg. von
     Mertens, Peter u.a.. München 1978, S. 53-60.

/22/ Enderlein, Walter: Projektierung von Anwender-Datenkonzep-
     ten (insbesondere Abschnitt H, S. 225-280) München-Wien
     1979.

/23/ Faltenbacher, Hans: Methoden und Verfahren zur Steuerung
     von Großrechenzentren. In: IBM Nachrichten, 28. Jg., S.
     356-361 (Teil 1).

/24/ Fassbender, W.: Wirtschaftliche Steuerung des Einsatzes
     automatischer Datenverarbeitungsanlagen. In: Wirtschaft-
     lichkeit automatisierter Datenverarbeitungssysteme, hrsg.
     von Erwin Grochla. Wiesbaden 1970, S. 67-95.

/25/ Feitelson, B.; Grabedunkel, E.: JARS - Das Job Accounting
     Report System für das Rechenzentrum. In: Das Rechenzentrum,
     Heft 1/79, S. 28-39.

/26/ Fischbach, Franz; Ott, Wienfried; Weise, Jürgen: Das Re-
     chenzentrum. Köln 1974.

/27/ Fischer, Hellmuth; Frimmel, Robert: Gemeinschaftliche Da-
     tenverarbeitung - Wirtschaftliche Datenverarbeitung. Stutt-
     gart-Wiesbaden 1976.

/28/ Fischer, Ulrich E.: Teilnehmerbetrieb. Köln 1973.

/29/ Frirdich, Werner: IBM-Rechenzentren. In: IBM Nachrichten,
     18. Jg. 1968, S. 381-383.

/30/ Futh, Horst: Rationalisierung der Datenverarbeitung. Band IV. Rechenzentrumsorganisation. München-Wien 1975.

/31/ Ghanem, S. B.: Computing center optimization by a pricing-priority policy. In: IBM Systems Journal, Nr. 3 1975, S. 272-291.

/32/ Gladney, H. M.; Johnson, D. L.; Stone, R.L.: Computer installation accounting. In: IBM Systems Journal, Vol. 13 1974, S. 314ff.

/33/ Görtler, K.: Leistungsabrechnung und Kapazitätsplanung in einem Industrieforschungs-Rechenzentrum. In: Abrechnung von Rechenzentrums-Dienstleistungen, hrsg. von Mertens, Peter u.a.. München 1978, S. 75-82.

/34/ Graef, Martin: Abrechnung der Dienstleistungen eines Rechenzentrums. In: Betriebswirtschaftsmagazin, Nr. 9 1972 S. 445-448.

/35/ Graef, Martin; Greiller, Reinald: Organisation und Betrieb eines Rechenzentrums. Stuttgart-Wiesbaden 1975.

/36/ Grochla, Erwin: Management: Organisation als Instrument der Unternehmensführung. 1. Aufl., Düsseldorf-Wien 1974.

/37/ Gruber, Klaus, Peter: Weiterbelastung von RZ-Kosten. In: Betrieb von Rechenzentren, hrsg. von Adolf Schreiner. Berlin-Heidelberg-New York 1976, S. 207-216.

/38/ Haberkamm, Gerd: Die Kostenrechnung der DV unter Berücksichtigung des Job-Accounting. In: Betrieb von Rechenzentren, hrsg. von Adolf Schreiner. Berlin-Heidelberg- New York 1976, S. 181-206.

/39/ Hackl, Hubert: Interne Ablauforganisation eines kommunalen Gebietsrechenzentrums. In: IBM Nachrichten, 27. Jg. 1977, S. 181-187.

/40/ Haller, V.: Zum Betriebsablauf in einem Industrie-Forschungs-Rechenzentrum. In: Betrieb von Rechenzentren, hrsg. von A. Schreiner. Berlin-Heidelberg-New York 1976, S. 157-164.

/41/ Hansen, Hans, Robert; Röhrs, Heinz-Peter: Abrechnungsverfahren in Grossrechner-Betriebssystemen. Ein Vergleich. In: Abrechnung von Rechenzentrumsdienstleistungen, hrsg. von Mertens, Peter u.a.. München 1978, S. 27-52.

/42/ Hansen, Hans, Robert; Weckmann, Hans-Dieter: Kapazitäts-planung in Hochschulrechenzentren. In: Das Rechenzentrum, Heft 1/79, S. 40-47.

/43/ Hast, Carl: Job Accounting: Notwendige Funktionen eines Betriebssystems oder aufwendiger Luxus? In: ZfD, Heft 3/75, S. 129-132.

/44/ Heinen, E.: Das Zielsytem der Unternehmung. 2.Aufl. Wiesbaden 1971.

/45/ Hellfors, Sven: Zusammenarbeit mit Service Rechenzentren. 2. Aufl., Freiburg 1971.

/46/ Herden, Ewald; Karrer, Josef: Kann die Wirtschaftlichkeit des Rechenzentrums kontrolliert werden? In: ÖVD, Heft 12/74 S. 569-574.

/47/ Hermann, Günter; Lindemann, Peter; Nagel, Kurt: Datenschutz und Datensicherung. In: Datenschutz und Datensicherung, hrsg. von IBM Deutschland. Stuttgart 1975, S. 1-3.

/48/ Hootman, J. T.: The Pricing Dilemma. In: Datamation, Vol. 15, No. 8 1969, S. 61-66.

/49/ IBM (Hrsg.): Datensicherheit durch das Lizenzprogramm Resource Access Control Facility (RACF). Stuttgart 1977.

/50/ IBM (Hrsg.): DP Accounting for IMS/VS (DPA). In: IBM Installation Management CM/T, DPA, and SLR GIM. 2. Aufl., Lidingö (Schweden) 1977.

/51/ IBM (Hrsg.): Operations Planning and Control-Entry (OPC-Entry), hrsg. von IBM Nordic Labaratory. 1. Aufl., Lidingö (Schweden) 1977.

/52/ IBM (Hrsg.): OS/VS2 MVS. Resource Access Control Facility (RACF), hrsg. von IBM World Trade Corporation. 3. Aufl., New York 1976.

/53/ IBM (Hrsg.): Das Rechenzentrum innerhalb einer Datenverarbeitungsorganisation. Merkblattunterlagen zum gleichnamigen IBM Lehrgang. München-Essen 1975.

/54/ IBM (Hrsg.): OS/VS1 System Management Facilities (SMF), hrsg. von IBM World Trade Corporation. 6. Aufl., New York 1976.

/55/ Jasper, E.: Betrieb von Hochschulrechenzentren. Probleme und juristische Grundlagen am Beispiel des RHRZ Bonn. Arbeitsbericht Nr. 7713, Bonn 1977.

/56/ Kalckhoff, G.; Kapp, H.; Riehn, R.: Führung von Rechenzentren. Schriftenreihe data praxis, München 1972.

/57/ Kiel, Dieter : Die Abrechnung von Rechenzentrumsleistungen unter Aspekten des Haushaltrechts und der Integration. In: Abrechnung von Rechenzentrums-Dienstleistungen, hrsg. von Mertens, Peter u.a.. München 1978, S. 155-173.

/58/ Kieser, A.; Kubicek, H.: Organisation. Berlin-New York 1977.

/59/ Kiessling, H.: Methoden und Techniken der Organisation eines Rechenzentrums. In: Datascope, Heft 29/79, S. 9-22.

/60/ Kirschner, G.: JOB-ACCOUNTING - Instrument zur Planung, Steuerung und Kontrolle von RZ-Arbeiten. In: Bürotechnik + Automation, Heft 9/73, S. 848-852.

/61/ Klaiber, K.: DV-Leistungsverrechnung. Fallbeispiel aus einer Mitgfliedfirma, hrsg. vom Verein Deutscher Maschinenbau-Anstalten e.V. (VDMA), Abteilung Informatik. Frankfurt 1976.

/62/ Kneip, W.: Kostenfeststellung, Gebührenermittlung und Rechnungsschreibung am Regionalen Hochschulrechenzentrum der Universität Bonn. Arbeitsbericht Nr. 7603, Bonn 1977.

/63/ Koestle, Peter: Charakteristische Größen eines Rechenzentrum-Betriebes. In: data report, 9. Jg. 1974, Heft 2, S. 34-37.

/64/ Köhler, D.: Stellung, Aufgaben und Aspekte einer rationellen Arbeitsweise von Informationszentren in Chemiekombinaten. In: Rechentechnik/Datenverarbeitung 9, Heft 2/72, S. 9ff.

/65/ Koreimann, Dieter S.: Kostenverrechnung für Rechenzentren. In: Das Rechenzentrum, Heft 3/78, S. 116-124.

/66/ Kraus, Wolfgang: SMF als Prüfungshilfe. In: IBM Nachrichten, 26. Jg. 1976, Heft 232, S. 313-317.

/67/ Kreitzberg, Charles B.; Webb, Jesse H.: An approach to job pricing in a multiprogramming environment. In: AFIPS Conference Proceedings 1972, Part I, S. 115-122.

/68/ Landau, K.: Charging for Computer Usage ·with Average Cost Pricing. In: Angewandte Informatik, Heft 2/73, S. 47-52.

/69/ Lange, Peter; Lindner, Klaus; Massat, Dieter: Vorschlag für eine Kostenrechnung von Datenverarbeitungszentren. In: ÖVD, Heft 1/73, S. 18-28.

/70/ Lönneker, Walter: Rechenzentren: Service-Unternehmen im Wandel. In: Bürotechnik + Automation, Heft 12/77, S. 36-39.

/71/ Lösch, G.: Wege zu einer höheren Wirtschaftlichkeit des EDV-Einsatzes. Broschüre zum Seminar "Entwicklungstendenzen in der EDV". Tübingen 1973.

/72/ Luttermann, H.: Ein Abrechnungs-, Kontingentierungs- und Steuerungsverfahren für ein Mehrrechnersystem mit Kapazitätsüberanforderungen am Regionalen Rechenzentrum für Niedersachsen. In: Abrechnung von Rechenzentrums-Dienstleistungen, hrsg. von Mertens, Peter u.a.. München 1978. S. 115-132.

/73/ Marwedel, H.: Die Problematik der Kostenerfassung und -zuordnung im Multiprogramming-Betrieb. In: Die Wirtschaftlichkeit automatisierter Datenverarbeitungssysteme, hrsg. von Grochla, Erwin. Wiesbaden 1970, S. 241-247.

/74/ Mertens, Peter: Untersuchungen zum Gesetz der Kostendegression in der ADV. In: Die Wirtschaftlichkeit automatisierter Datenverarbeitungssysteme, hrsg. von Grochla, Erwin. Wiesbaden 1970, S. 199-220.

/75/ Mertens, Peter: Systematisches Rechnungswesen für die Datenverarbeitung. In: adl-nachrichten, Heft 86/74, S. 31-37.

/76/ Mitschke, Horst: Betriebsabrechnung bei einem Multiprogramming-Betrieb. Referat beim Erfahrungsaustausch ADV Bund/Länder/kommunaler Bereich im Jahre 1972.

/77/ Mitschke, Horst: Leistungsbewertung und Preisermittlung im ADV-Kostenrechnungsverfahren der hamburgischen Verwaltung. In: Abrechnung von Rechenzentrums-Dienstleistungen, hrsg. von Mertens, Peter u.a.. München 1978, S. 145-154.

/78/ Nähr, R. u.a.: Das Schrammberger Modell. Gemeinschaftliche Datenverarbeitung außer Haus. Probleme und Lösungen. Stuttgart 1966.

/79/ Niederberger, A.R.V.: Das Problem einer getrennten Berech-
      nung von Software- und Hardwarekosten bei Beschaffung und
      Einsatz. In: Die Wirtschaftlichkeit automatisierter Daten-
      verarbeitungssysteme, hrsg. von Grochla, Erwin. Wiesbaden
      1970, S. 221-229.

/80/ Nielson, Norman R.: "Flexible pricing: An approach to the
      allocation of computer resources. In: FJCC 1968, AFIPS,
      Part I, S. 521-531.

/81/ Nolle, Friedrich K.: Datenfernverarbeitung. Köln 1970.

/82/ Obelode, Günter: Datenverarbeitung in der Industrie. In:
      Angewandte Informatik, Heft 1/75, S. 1-4.

/83/ Obelode, Günter; Windfuhr, Manfred: Methoden zur Datensi-
      cherung - vorgestellt an einem praktischen Beispiel. In:
      Datenschutz und Datensicherung, hersg. von IBM Deutschland.
      Stuttgart 1975, S. 41-46.

/84/ Organisationsamt (Hrsg.): Planung und Kontrolle der ADV-
      Verfahrenskosten in der hamburgischen Verwaltung. Richtli-
      nien in Anlehnung an die Vorschläge des Arbeitskreises
      "Kostenschätzung EDV". Hamburg 1972.

/85/ Ortner, Gerhard E.: Optimierungskriterien in der Organisa-
      tion der betrieblichen Datenverarbeitung. Berlin-New York
      1971.

/86/ Peischl, F.: Rechnerplanung im Münchener Hochschulbereich.
      In: Betrieb von Rechenzentren, hrsg. von Schreiner, Adolf.
      Berlin-Heidelberg-New York, S. 48-56.

/87/ Poensgen, Otto H.: Wirtschaftliche Vor- und Nachteile von
      Teilnehmersystemen. In: Die Wirtschaftlichkeit automatisier-
      ter Datenverarbeitungssysteme, hrsg. von Grochla, Erwin.
      Wiesbaden 1970, S. 97-120.

/88/ Poensgen, Otto H.: Zuteilung und Verrechnung von Leistungen des Rechenzentrums. In: Industrielle Organisation, 42.
Jg. 1973, Nr. 9, S. 402-406.

/89/ Poensgen, Otto H.: Verrechnungspreise als Instrument zur
Kostenkontrolle und Kapazitätsplanung in Rechenzentren. In:
Abrechnung von Rechenzentrums-Dienstleistungen, hrsg. von
Mertens, Peter u.a.. München 1978, S. 9-26.

/90/ Rackles, R.: Der Betriebsablauf in einem Konzern-Rechen-
zentrum. In: Betrieb von Rechenzentren, hrsg. von Schreiner, Adolf. Berlin-Heidelberg-New York 1976, S. 73-104.

/91/ Reinsch, K.-G.; Schäfer, L.: Abrechnung von Rechenzentrums-
Dienstleistungen. In: Das Rechenzentrum, Heft 1/79, S. 101
-105.

/92/ Rettus, R. C.; Smith, R. A.: Accounting control of data
processing. In: IBM Systems Journal, Vol. 11, No. 1 1972,
S. 74-92.

/93/ Roberts, Michael M.: A Separatist's View of University EDP.
In: Datamation, Vol. 17 No. 5, S. 28-30.

/94/ Schmalenbach, E.: Kostenrechnung und Preispolitik. 7. Aufl.,
Köln-Opladen 1956.

/95/ Schmitt, Hans-Jürgen: Rechenzentren: Kostenverteilung bei
Multiprogramming-Betrieb. In: Bürotechnik + Automation,
Heft 12/77, S. 52-55.

/96/ Schmitz, Paul; Hasenkamp, Ulrich: Zukünftige Nutzungsformen
der ADV im Hochschulbereich. In: Angewandte Informatik, Heft
5/78, S. 194-202.

/97/ Schmitz, Paul; Seibt, Dietrich: Einführung in die anwen-
dungsorientierte Informatik. München 1975.

- 162 -

/98/ Schorn, Günter: Preis-Leistungs-Verhältnis - Schlagwort oder meßbare Größe? In: Online-adl-nachrichten, Heft 12/77, S. 1052-1055.

/99/ Schrader, H.-J.: Die Abrechnung von DV-Dienstleistungen beim Großversandhaus Quelle - Erfahrungen mit verschiedenen Versionen und jetziger Stand. In: Abrechnung von Rechenzentrums-Dienstleistungen, hrsg. von Mertens, Peter u.a.. München 1978, S. 61-74.

/100/ Schreiner, Adolf: Grundsätze für die Kostenrechnung der Hochschulrechenzentren. - Ein Vorschlag - Protokoll des gleichnamigen Vortrags im Rahmen des Workshops über "Organisation von Rechnerverbundsystemen". Köln 1977.

/101/ Schumacher, Herbert: Die leistungsgerechte Verrechnung der Kosten der ADV auf der Grundlage des Systems SMF (IBM) - Lösungskonzeption, dargestellt am Beispiel der Firma Klöckner-Humboldt-Deutz AG, Köln. Schriftliche Hausarbeit, Köln 1977.

/102/ Schulze, H. H.: Zum Problem der Computer-Nutzung für mittlere und kleinere Betriebe. In: adl-nachrichten, Heft 77/72.

/103/ Schuster, E.: Einfluß der Datenmenge auf die Kosten der Datenverarbeitung. In: Neue Technik im Büro, 1969, S.112

/104/ Schwarz, Siegfried; Ose, Günter; Hartmann, Peter: DV ausser Haus. Bürotechnik fragt - Experten antworten. In: Bürotechnik + Automation, Heft 12/77, S. 46-47.

/105/ Sebiger, Heinz: Datenverarbeitung außer Haus: Spezialisierung nimmt zu. In: Bürotechnik ? Automation, Heft 12/77, S. 46-47.

/106/ Selwyn, Lee L.: Computer resource accounting in a time sharing environment. In: AFIPS Conference Proceedings, Vol. 36 (5-7 May 1970), S. 119-130.

/107/ Singer, Neil M.; Kanter, Herschel; Moore, Arnold: Prices
       and the allocation of computer time. In: FJCC 1968, AFIPS,
       Part I, S. 493-498.

/108/ Smidt, Seymour: The use of hard and soft money budgets,
       and prices to limit demand for centralized computer faci-
       lity. In: FJCC 1968, AFIPS, Part I, S. 499-509.

/109/ Stahlknecht, Peter: Erfahrungen mit der Abrechnung von
       Rechenzentrums-Dienstleistungen in einem Mischkonzern. In:
       Abrechnung von Rechenzentrums-Dienstleistungen, hrsg. von
       Mertens, Peter u.a.. München 1978, S. 83-102.

/110/ Stetter, F.: Ein Verfahren zur Abrechnung bei Multipro-
       gramming. In: Angewandte Informatik, Heft 4/76, S. 150-152.

/111/ Stüve, Peter: Innerbetriebliche Leistungsverrechnung bei
       Datenverarbeitung. In: Bürotechnik ? Automation, Heft 9/69,
       S. 496-55.

/112/ Symons, C. R.: A cost accounting formula for multipro-
       gramming computers. In: Computer Journal, Vol. 14, No. 1,
       1971, S. 13-20.

/113/ Terplan, Kornel: Methoden der Messung von DV-Effektivität.
       In: ÖVD, Heft 12/77, S. 8-13.

/114/ Trampedach, Kurt: Probleme und Methoden der Ablaufplanung
       im Rechenzentrum. In: Betrieb von Rechenzentren, hrsg.
       von Schreiner, Adolf. Berlin-Heidelberg-New York 1976, S.
       119-127.

/115/ Trampedach, Kurt: Entwicklung und Einführung eines kon-
       zerneinheitlichen Informations- und Verrechnungspreissy-
       stems für Rechenzentren. In: Abrechnung von Rechenzentrums-
       Dienstleistungen, hrsg. von Mertens, Peter u.a.. München
       1978, S. 103-114.

/116/ Verband Deutscher Rechenzentren (VDRZ) (Hrsg.): Handbuch
       Deutscher Datendienste 1978/79. Hannover 1978.

/117/ Wall, Dieter: Wissenschaftliche Rechenzentren im Verbund.
       In: Datascope, Heft 27/78, S. 29-38.

/118/ Weidner, Eva: Datenverarbeitung in Mark und Pfennig. In:
       Online-adl-nachrichten, Heft 5/78, S. 385-388.

/119/ Wiederstein, Arno: Organisation des EDV-Betriebes in ei-
       nem Gemeinschaftsrechenzentrum. In: IBM Nachrichten, 26.
       Jg. 1976, S. 15-22.

/120/ Windfuhr, Manfred: Rechenzentrum - ein Produktionsbetrieb.
       In: Betrieb von Rechenzentren, hrsg. von Schreiner, Adolf.
       Berlin-Heidelberg-New York 1976, S. 1-19.

/121/ Wiorkowski, Gabrielle K. und John J.: A Cost Allocation
       Model. In: Datamation, Heft 8/73, S. 60-65.

/122/ Wöhe, Günter: Einführung in die Allgemeine Betriebswirt-
       schaftslehre. 12. Aufl., München 1978.

/123/ Wöhr, P.: Der Betrieb von Software-Testrechenzentren. In:
       Betrieb von Rechenzentren, hrsg. von Schreiner, Adolf.
       Berlin-Heidelberg-New York 1976, S. 165-180.

/124/ Wolf, F.: Das Rechenzeit-Abrechnungsverfahren an der Uni-
       versität Erlangen-Nürnberg. In: Abrechnung von Rechenzen-
       trums-Dienstleistungen, hrsg. von Mertens, Peter u.a..
       München 1978, S. 133-144.

/125/ Zimmermann, W.: Verbundspezifische Probleme bei Kontin-
       gentierung und Abrechnung von Rechenleistungen. Protokoll
       des gleichnamigen Vortrags im Rahmen des Workshops über
       "Organisation von Rechnerverbundsystemen". Köln 1977.

<u>Nachtrag</u>:

/126/ Mertens, P. : Thesen zur Abrechnung von Rechenzentrums-
      Dienstleistungen. Für Wahlfreiheit und Marktmechanismus.
      In: Abrechnung von Rechenzentrums-Dienstleistungen, hrsg.
      von Mertens, P. u.a., München 1978, S. 174-176.

Zeit
- abschnittsbetrieb 22,97,120
- basis 95,96,104ff,146
- dimension 104,105,108
- erfassungsliste 26
- geber 26
- scheibenverfahren 16

Zentralisierung (von RZ) 33f.,
135
Zentralspeicherbelegung 16,50,
60,87,89,93,95,96,118,129
Ziele (von RZ) 29,36,41,64,76,
83
Zugangsform (zum RZ) 37
Zurechnungspreise 116ff.,126
Zugriffshäufigkeit 97f.
Zuschlag 94
Zuschlagsmultiplikatoren 62,107
Zuschlagssätze 19
Zuteilungssystem 126

Die „Angewandte Informatik" versteht Informatik in einem weiten Sinne, der sowohl die wissenschaftliche Disziplin der „computer science" als auch die praktische Anwendung von Datenverarbeitungsanlagen in all ihren Ausrichtungen umfaßt.

Eine gewollte Einschränkung erfährt dieses sehr weite Veröffentlichungsspektrum durch die Anwendungsbezogenheit der Zeitschrift. Darunter sind freilich nicht etwa nur Einsatzbeschreibungen von Computern zu verstehen, vielmehr kommt es der „Angewandten Informatik" darauf an, zu zeigen, wie man sich des Instruments Computer sinnvoll bedienen kann, oder, allgemeiner ausgedrückt, welche Auswirkungen dieses Instrument nach sich zieht oder ziehen kann. „Auswirkungen" ist dabei ebenso in Begriffen der Praxis wie der Theorie gedacht.

Mit einigen angelsächsischen Schlagworten ausgedrückt: Vermittelt werden sollen, auf gehobenem Niveau, das "know why", das "know what" und das "know how" des Einsatzes von Computern, und zwar auf weitester Ebene.

Ein weiteres Ziel der „Angewandten Informatik" ist die aktuelle und die Hintergrundinformation zum Fachgeschehen, mit dem Ziel, den Informationsstand in der Leserschaft so umfassend und zeitgerecht wie möglich zu halten.

Erscheinungsweise: 12 Ausgaben jährlich
Format: DIN A 4
Umfang: jeweils ca. 50 Seiten

Fragen Sie in Ihrer Buchhandlung nach einem Probeheft und den Bezugsbedingungen oder schreiben Sie an: Verlag Vieweg · Postfach 5829 · D-6200 Wiesbaden 1.

Programmiersprachen bei Vieweg:

Heinrich Becker und Hermann Walter
Formale Sprachen
Eine Einführung. 1977. VIII, 272 S. DIN C 5 (uni-text/Skriptum). Pb.

Harry Feldmann
Einführung in ALGOL 60
1972. VIII, 112 S. DIN C 5 (uni-text/Skriptum). Pb.
Einführung in ALGOL 68
Skriptum für Hörer aller Fachrichtungen ab 1. Semester. 1978. IX, 311 S.
DIN C 5 (uni-text/Skriptum). Pb.

Hermann Kamp und Hilmar Pudlatz
Einführung in die Programmiersprache PL/I
2. Aufl. 1974. VII, 228 S. DIN C 5 (uni-text/Skriptum). Pb.

Günther Lamprecht
Einführung in die Programmiersprache SIMULA
Anleitung zum Selbststudium. Mit 41 Abb. und 1 Tafel. 1976. IV, 231 S.
DIN C 5 (uni-text/Skriptum). Pb.

Wolfgang Schneider
BASIC
Einführung für Techniker. 2., durchges. Aufl. 1979. VI, 133 S. DIN C 5
(Viewegs Fachbücher der Technik). Kart.
FORTRAN
Einführung für Techniker. 2., durchges. Aufl. 1979. IV, 129 S. DIN C 5
(Viewegs Fachbücher der Technik). Kart.

Wolf-Dietrich Schwill und Roland Weibezahn
Einführung in die Programmiersprache BASIC
2., erw. Aufl. 1979. VIII, 143 S. (uni-text/Skriptum). Pb.

Wulf Werum und Hans Windauer
PEARL
Process and Experiment Automation Realtime Language. Beschreibung und
Anwendung. 1978. VIII, 195 S. DIN C 5. Kart.